QUÉ OPINAN OTROS SOBRE SAM CHAND...

Sam Chand ha dedicado su vida a promover el éxito de otros. Conocido como un "liberador de sueños", Sam es un líder de líderes que desafía y eleva constantemente nuestra mentalidad, nuestras limitaciones autoimpuestas y nuestras elecciones no examinadas. Sam escribe desde la enorme riqueza de su propia experiencia con una perspicacia asombrosa, buen humor y consejos pragmáticos.

—*Brian Houston*
Pastor global principal de la Iglesia Hillsong

La enseñanza de Sam Chand es un arma secreta que provoca el aumento de la materialización eficaz de tu potencial que aún no conoces.

—*Obispo T.D. Jakes*
Autor de éxito de ventas del *New York Times*

El Dr. Chand ha sido uno de los mentores más valiosos en mi vida y ministerio. Tiene un carácter tremendo, una perspicacia de liderazgo muy valiosa, un contagioso sentido del humor y el corazón de un pastor. Ha sido mi mentor y me ha convertido en un líder espiritual mucho más fuerte.

—*Craig Groeschel*
Pastor principal de Life.Church

Samuel Chand es un líder de líderes. Su aguda perspicacia y amplia exposición al liderazgo le ha preparado muy bien para proveer recursos para el reino. Su pasión natural por el desarrollo del liderazgo es un refinado regalo que él comparte con entusiasmo con líderes, y líderes en desarrollo.

—*John C. Maxwell*
Fundador de EQUIP
Autor de éxitos de ventas del *New York Times*

Nadie hace esto mejor que Sam Chand, y puedo decir eso por experiencia propia al haber trabajado con él en mi propia iglesia. Su reputación para ayudar a empresas a encontrar su camino en el siglo XXI es ejemplar, y su integridad está fuera de todo reproche.

—*Jentezen Franklin*
Pastor principal de Free Chapel
Autor de éxitos de ventas del *New York Times*

Los grandes líderes han dominado el arte de hacer grandes preguntas, pero los líderes legendarios como Sam Chand han dominado el arte de cuestionar su propio pensamiento.

—*Steven Furtick*
Fundador y pastor principal de Elevation Church

El cambio está en el horizonte, pero no llega por accidente, sino que necesita intencionalidad por parte de aquellos que lideran el camino. Como una voz de influencia sobre el tema del liderazgo, mi amigo Sam Chand te ayudará a moldear tu futuro, remodelando tu manera de pensar.

—*John Bevere*
Autor de éxitos de ventas y ministro
Cofundador de Messenger International

Una de las voces más respetadas en la iglesia y el liderazgo ministerial hoy día es la del Dr. Sam Chand. En su página web, su etiqueta es "La visión de mi vida es ayudar a otros a tener éxito", y es muy bueno haciéndolo. Sam y yo hemos compartido varios clientes durante los años, y una y otra vez lo he visto dar la vuelta a iglesias en problemas, inspirar a líderes frustrados, y transformar la cultura de organizaciones en decadencia.

—*Phil Cooke*
Productor y consultor
Autor de *The Way Back*

Justo cuando pensaba que mi amigo Sam Chand había alcanzado su pináculo, va y se adentra en una nueva dimensión. Sam tiene una habilidad maestra para hacer preguntas penetrantes, que son preguntas mejores que conducen a mejores respuestas, y finalmente a una vida mejor.

—*Obispo Dale C. Bronner*
Autor/Fundador de Word of Faith Family Worship Cathedral

Sam Chand expandirá tu pensamiento, te dará herramientas nuevas y te ayudará a navegar por tu viaje de liderazgo.

—*Mark Batterson*
Pastor principal de National Community Church

SECUENCIA HACIA EL ÉXITO

TRES COSAS QUE TE PUEDEN LLEVAR A CUALQUIER LUGAR EN LA VIDA

SAMUEL R. CHAND

WHITAKER HOUSE
Español

A menos que se indique lo contrario, todas las citas de la Escritura han sido tomadas de la *Santa Biblia, Nueva Versión Internacional*®, NVI®, © 1999 por la Sociedad Bíblica Internacional. Usada con permiso. Reservados todos los derechos.
Cursivas y negritas son énfasis del autor.

Traducción al español por:
Belmonte Traductores
Manuel de Falla, 2
28300 Aranjuez
Madrid, ESPAÑA
www.belmontetraductores.com

Editado por: Ofelia Pérez

Secuencia hacia el éxito
Tres cosas que te pueden llevar a cualquier lugar en la vida

ISBN: 978-1-64123-480-1
Ebook ISBN: 978-1-64123-486-3

Impreso en los Estados Unidos de América.

Whitaker House
1030 Hunt Valley Circle
New Kensington, PA 15068
www.whitakerhouseespanol.com

Por favor, envíe sugerencias sobre este libro a:
comentarios@whitakerhouse.com.

1 2 3 4 5 6 7 8 9 10 11 27 26 25 24 23 22 21 20

ÍNDICE

INTRODUCCIÓN
¿CÓMO LLEGUÉ HASTA AQUÍ?

¿Alguna vez te has preguntado cómo llegaste hasta donde estás hoy, en este momento, en esta función, con estas personas, y con este propósito? No estoy hablando solo de la influencia de tu ADN y de generaciones pasadas de tu familia, sino que me refiero también a la misteriosa serie de interacciones y eventos que han moldeado tu vida. Pienso en esta pregunta muchas veces, y me fascina porque prácticamente todos nosotros podemos trazar nuestras actuales situaciones hasta tres eventos cruciales: alguien nos *observó*, se formó una *opinión* positiva de nosotros, y después dijo: "Creo que serías bueno en... Déjame darte una *oportunidad*".

Al menos mi historia es así. Cuando llegué a los Estados Unidos desde India, en 1973, América estaba atravesando una recesión económica. La recesión no solo se reflejaba en las hojas de cálculo de los economistas, sino que cada persona del país podía sentir el dolor de su efecto. Las noticias vespertinas a menudo mostraban largas filas en las gasolineras, y enseguida las personas solo podían repostar gasolina un día sí y un día no. El costo de la electricidad se estaba disparando, así que algunos estados y ciudades recomendaron una "Navidad austera", sin luces en los árboles ni en las casas. La tristeza oprimía tanto, que una estación de radio realizó una campaña que decía "No canceles la Navidad".[1] La tasa de interés preferencial era tres veces más alta que la mayoría de las tasas de las hipotecas hoy, y muchos estadounidenses buscaban empleo como locos. Los inmigrantes como yo no podíamos conseguir permisos de trabajo porque suponía quitar puestos de trabajo a los ciudadanos americanos.

Yo había venido a América para ir a la universidad, y no mucho después de comenzar a asistir a clases la administración se dio cuenta de que me había quedado sin dinero. Ellos, con mucha bondad, me permitieron trabajar como cocinero y lavaplatos por las mañanas y como conserje después de

1. "Merry Christmas 1973", Joe Maran's Blog, http://joemoransblog.blogspot.com/2009/12/merry-christmas-1973.html.

clases, por la tarde. Los administradores *observaron* mi necesidad, se formaron una *opinión* positiva de un joven de India que se esforzaba por salir adelante, y me dieron la *oportunidad* de trabajar para que me pudiera quedar en América y conseguir una educación académica. Me gradué en 1977. Solo doce años después, tras haberme graduado y trabajando como pastor, la universidad me pidió ser su presidente. El consejo de administración me dio una oportunidad que no me podía haber ni imaginado pocos años atrás cuando cocinaba huevos y tocineta, lavaba millones de platos, o al menos así me lo parecía, y limpiaba los pisos.

Hasta cierto punto, todos nosotros somos producto de lo que nos ha aportado nuestra familia, de nuestras experiencias agradables y dolorosas, de los ascensos y degradaciones, recompensas y fallos, buenos amigos que creyeron en nosotros y personas que nos traicionaron, e incontables personas que han susurrado o gritado mensajes sobre nuestra valía, nuestro talento y sus visiones de nuestro futuro.

Estos tres factores, observaciones, opiniones y oportunidades, son verificablemente secuenciales.

Estos tres factores, observaciones, opiniones y oportunidades, son verificablemente secuenciales. Las personas no nos abren puertas a menos que primero nos hayan observado y se hayan formado la opinión de que tenemos el carácter y el talento para aprovechar la oportunidad que nos pueden dar.

Esta no es una carretera de sentido único. Las personas han desempeñado este papel esencial en nuestra vida y nosotros lo hacemos con las vidas de quienes nos rodean. Y por muy hábiles que nos hayamos vuelto, podemos desempeñar estos roles incluso mejor.

La secuencia se aplica en empresas, en la iglesia, en los matrimonios, en la crianza de los hijos y en las amistades. Estaba funcionando incluso cuando escogiste este libro. Alguien o algo hizo que observaras que el libro podría ser interesante, te formaste la opinión de que valía la pena gastar el dinero y el tiempo para leerlo, y estás aprovechando la oportunidad de leerlo para ver qué podría aportar a tu vida.

Quiero sacar a la luz nuestras suposiciones subconscientes. A menudo evaluamos a otros en un abrir y cerrar de ojos. Observamos de manera instintiva que la mirada en el rostro de alguien, el tono de voz o el lenguaje corporal, es coherente o distinto a las palabras que hemos oído. Reaccionamos a nuestra observación, pero raras veces nos detenemos a analizar antes de responder; sencillamente sucede, y sucede de inmediato. Observamos, nos hacemos una opinión, y en base a lo que hemos decidido en ese segundo, le damos a la persona la oportunidad de conectar con nosotros o cerramos la puerta y seguimos resguardados.

Cada parte de este libro contiene dos capítulos. La primera cubre cómo otros nos observaron, se formaron opiniones sobre nosotros y nos dieron oportunidades. La segunda describe el poder de nuestras propias observaciones y opiniones de las personas que nos rodean, y cómo podemos abrir puertas de oportunidad para ellos. Este es un libro de liderazgo, pero no está limitado a presidentes corporativos, directores generales o pastores principales; es para todo el que tenga una posición de influencia en la vida de otra persona, y eso incluye a todas las personas.

Con más perspicacia y confianza, tomarás mejores decisiones para hacer que las personas que te rodean avancen...o quizá para mostrarles la puerta.

Cuando termines de leer este libro tendrás las herramientas para ser *consciente* de los tres factores al evaluar a las personas. Tus opiniones serán más *consecuentes* porque darás las oportunidades adecuadas a las personas adecuadas. Con más perspicacia y confianza, tomarás mejores decisiones para hacer que las personas que te rodean avancen... o quizá para mostrarles la puerta. Estos principios también te ayudarán a ser más consciente de que las personas *te* están observando y se están formando opiniones que te abrirán o cerrarán puertas de oportunidad.

Cada interacción marca una diferencia en tu futuro y el futuro de la persona con la que estás hablando, y si miramos el tiempo suficiente y desde muy cerca, puede que veamos algo extraordinario.

El 11 de abril de 2009, en un episodio de *Britain's Got Talent* (Gran Bretaña tiene talento), una desaliñada trabajadora desempleada de una organización benéfica, se preparaba para entrar al escenario. En su presentación explicó que vivía sola con su gato al que quería mucho, y que nunca le habían dado un beso. Comparada con los otros concursantes, que eran jóvenes y guapas, el debut de Susan Boyle en televisión no parecía muy prometedor... hasta que comenzó a cantar. Se puso en el centro del escenario y cantó "I Dreamed a Dream" ("Yo soñé un sueño") del musical *Los miserables*. Fue, según todos los testigos, uno de los momentos más impactantes de la historia de la televisión. Desde el momento que escucharon su voz perfecta, los tres jueces y el público pasaron de la risa desdeñosa al asombro más deleitoso. Tras su actuación, una de las juezas, Amanda Holden, dijo que cualquier persona honesta del público debería haber dicho: "Estoy muy emocionada porque sé que todos estaban en tu contra. Sinceramente pienso que todos estábamos siendo muy cínicos y esta es la mayor llamada de atención que podíamos haber recibido, y solo quiero decir que fue un auténtico privilegio escucharte".[2]

Susan Boyle se convirtió en un fenómeno de la noche a la mañana, con invitaciones para ir a programas en los Estados Unidos e Inglaterra. Su álbum debut en 2009 consiguió el récord británico en cuanto a ventas en la primera semana, y fue el segundo álbum más vendido en los Estados Unidos.

Permíteme hacerte dos preguntas: ¿Quién se fijará en tus talentos escondidos? ¿Quiénes son las personas a tu alrededor que están esperando que alguien se fije en ellas?

---

2. "Odd duck to diva: How Susan Boyle became a star 10 years ago", Maeve McDermott, USA Today, 11 de abril de 2019, https://www.usatoday.com/story/life/music/2019/04/11/susan-boyles-iconic-i-dreamed-dream-performance-turns-10/3426767002.

Debemos mirar las lentes a través de las cuales vemos el mundo, y también el mundo que vemos... las lentes mismas moldean cómo interpretamos el mundo.

—Stephen R. Covey

PARTE UNO
OBSERVACIONES

1

LA CÁMARA ESTÁ SIEMPRE ENCENDIDA

¿Qué ven los demás?

Las personas siempre nos están mirando. Incluso cuando estamos solos, la impresión que les hemos causado está dando vueltas en su corazón y en su mente. Nuestros cónyuges, hijos, amigos, compañeros de trabajo, jefes, clientes, vecinos, compañeros de equipo y todas las demás personas con las que tenemos contacto se están formando una opinión de nosotros en base a lo que han visto y oído de nosotros.

Se dan cuenta de:

...si somos perspicaces.

...si nos resistimos a sus ideas.

...si tenemos una agenda que queremos avanzar.

...si nos retiramos o somos beligerantes si no se hacen las cosas a nuestra manera.

...si siempre llegamos tarde.

...si estamos mejorando nuestras habilidades constantemente.

...cómo hablamos de otras personas.

...cuándo tomamos la iniciativa.

Brenda y yo nos casamos después de mi graduación de la universidad, y acepté un trabajo como pastor de una pequeña iglesia rural en Michigan. Tenía una licenciatura y me metí de lleno en mi trabajo para traer la voluntad de Dios "*como en el cielo, así también en la tierra*". Durante esos años, el consejo de administración de la universidad nos observó a mí y a mi esposa cuando trabajábamos en nuestra iglesia, al enviar estudiantes a la universidad y al apoyar su funcionamiento. Estoy seguro de que eso les ayudó a formarse la opinión de que yo estaba respaldando sus metas y estrategias. Tras varios años, me pidieron que me uniera al consejo de administración. Cuando se quedó vacante el puesto de presidente y comenzaron a considerar quién podría ocupar el puesto, acudieron a mí. Sus observaciones durante esos años les dieron la confianza de que yo era la persona adecuada para ese trabajo. No me buscaron para ese puesto cuando estaba cocinando huevos revueltos y limpiando pisos, y no me pidieron trabajar como presidente el día de mi graduación.

En cientos de momentos, durante la siguiente decena de años, los administradores vieron algo en mí. Vieron que yo apoyaba la universidad y sus propósitos, y supieron que opinaba bien de ellos. El consejo estaba convencido de que era un buen comunicador y me había ganado el respeto de los líderes en nuestros círculos de influencia. Estaban seguros de que yo era una persona que aprendía rápidamente, y que aunque la curva de aprendizaje fuera escarpada, creían que mi ascenso por ella sería rápido.

Para ser sincero, pienso que solo me vieron como alguien temporal hasta que pudieran encontrar a alguien más calificado. No les culpo, pues yo no tenía exactamente un currículum excelente. Pero como muchos otros a los que se les da una oportunidad, estuve a la altura del desafío. Me convertí en presidente en 1989 y me metí de lleno en mis funciones con gran entusiasmo. Me encantaría poder decir que tuve un éxito instantáneo, pero en los primeros dos años el número de estudiantes disminuyó. ¡Eso no era lo que los administradores esperaban exactamente! En cierto momento, el decano y yo estábamos conduciendo a Nashville, Tennessee, para una reunión relativa a la acreditación. Me giré hacia él y le dije: "¿No sería maravilloso si tuviéramos doscientos estudiantes?".

Sus ojos se abrieron como platos. "Sam, ¡eso sería increíble!".

En ese tiempo, *increíble* era la palabra adecuada para este sueño: era difícil de creer y muy poco probable.

Poco a poco las cosas comenzaron a cambiar. Cuando me convertí en presidente, nuestra universidad tenía ochenta y siete estudiantes y no estaba acreditada; cuando dejé la universidad, estábamos totalmente acreditados por dos agencias de acreditación y teníamos más de ochocientos estudiantes. El éxito de mi ejercicio sorprendió al decano y al consejo de administración, y para ser honesto, ¡también me sorprendió a mí!

LA INTERRUPCIÓN NOS PRUEBA

Cada uno de nosotros está donde está hoy, porque hubo personas que vieron algo en nosotros que les hizo tener confianza en nuestro carácter y habilidades. La cámara estaba encendida enfocándonos...y ellos nos estaban mirando. Lo que creen de nosotros puede haber llegado en un momento crítico en el que nadie más creía en nosotros: tiempos de fracaso, tiempos en los que estábamos estacionados, o tiempos en los que habíamos perdido la esperanza. Quizá nos habíamos sentido incompetentes y no queridos, pero alguien miró a través de la niebla y vio nuestro potencial.

Las observaciones hechas durante tiempos difíciles son mucho más importantes que las que se producen durante tiempos de paz, éxito y armonía. Más que nunca, otros están mirando para ver cómo respondemos a la crítica, los obstáculos y el error. En esos tiempos, ellos descubren lo que hay en el interior de nuestra alma. Como un tubo de pasta de dientes, cuando nos aprietan lo suficiente saldrá lo que hay en nuestro interior y todos lo verán.

En tiempos de dificultad y conflicto, las personas tienden a envalentonarse o a encogerse.

En tiempos de dificultad y conflicto, las personas tienden a *envalentonarse o a encogerse*. La inseguridad hace que algunos griten y demanden, culpen a otros de sus propios errores y pasen a intimidar a otros para someterlos. Eso es *envalentonarse*. Pero la misma inseguridad hace que otros se encojan bajo la presión; su voz se vuelve débil, no miran a los ojos y no comparten opiniones sobre nada porque tienen miedo a estar equivocados. Se *achican* tanto, ¡que casi desaparecen!

¿Notan las personas si nos estamos envalentonando o encogiendo? ¡Por supuesto que sí! Las personas que nos rodean pueden intimidarse cuando gritamos y demandamos. Por el contrario, puede que sientan pena de nosotros cuando nos encogemos tanto que casi desaparecemos. Sin embargo, de una forma o de otra, perdemos su respeto.

Los tiempos de dificultad son las lentes más claras para ver quiénes somos, de qué estamos hechos y cuánto se puede confiar en nosotros.

Los tiempos de interrupción son las lentes más claras para ver quiénes somos, de qué estamos hechos y cuánto se puede confiar en nosotros.

LO QUE VEN LOS DEMÁS

Algunos aspectos de nuestra vida se pueden ocultar tras una sonrisa, pero hay cosas concretas que son muy aparentes a primera vista, específicamente la actitud, la preparación, el entendimiento y la expresión.

La actitud

Cuando era el presidente de la universidad, entré en la oficina un día y saludé a la recepcionista. "¡Buenos días! ¿Cómo estás hoy?".

Ella respondió frunciendo el ceño.

"Bueno, normal".

Tomé una nota mental de su respuesta; me preguntaba si estaría batallando con algo en casa o en el trabajo. La mañana siguiente, le saludé con una sonrisa y le pregunté: "¿Cómo estás hoy?".

Ella encogió los hombros y apenas levantó la mirada mientras se quejaba: "Pues aquí estoy".

Por supuesto que yo noté su conducta. Al día siguiente, le dije: "¡Buenos días! Espero que estés teniendo un buen día".

Ella movió su cabeza y dijo algo similar a lo que había dicho los dos días anteriores.

No tardé mucho en darme cuenta de que si el presidente de la universidad estaba experimentando este tipo de actitud amarga, el personal de nuestra plantilla, estudiantes y visitantes estarían recibiendo algo peor. En cuanto me senté en mi despacho, llamé a nuestra oficina de personal.

"Por favor, calcúlenme lo que le debemos a mi recepcionista por su trabajo incluyendo el día de hoy, y añadan la paga de una semana más de indemnización por despido", le dije a nuestro director de finanzas. "Traigan el cheque a mi oficina y díganle que pase a verme. Encuentren, por favor, a otra persona para que ocupe su puesto mientras me reúno con ella".

Unos minutos después, el director financiero entró con ella en mi oficina y me dio un sobre. Se lo entregué a ella y le dije: "Es obvio que no eres feliz aquí. Este es tu cheque por tu trabajo hasta el día de hoy. Hemos añadido una semana más de sueldo mientras buscas otro trabajo".

Era una persona competente, pero su actitud era corrosiva para todos los que interactuaban con ella.

Las personas conocen nuestra actitud antes de conocernos a nosotros. Ven la expresión en nuestro rostro desde el mismo instante en que nos miran. En una décima de segundo, su observación se convierte en una opinión, la cual abre o cierra puertas de oportunidad. Una buena actitud es algo más que una sonrisa. Es un espíritu que dice "¡puedo hacerlo!", un deseo genuino de ser una influencia positiva en la vida de otra persona o equipo. No es algo ciego y superficial. Ve la verdad y sigue creyendo en lo mejor de otras personas.

Siempre soy consciente de que la primera impresión, a menudo, es una impresión duradera, así que es importante tener un tono positivo en cada encuentro.

La preparación

Cuando entramos en una reunión, ¿nos ven los demás con materiales y recursos que hemos preparado para estar listos para aportar a la discusión, o nos ven con las manos vacías y muy a menudo con la mente vacía también? Quizá suponemos que podemos *improvisar,* pero las personas se dan cuenta del nivel y la coherencia de nuestra preparación. No es solo el jefe quien se da cuenta; todos en la sala se dan cuenta de que hemos hecho los deberes... o no. Saben que cuando no estamos preparados para participar, tan solo estamos llenando el espacio en la sala. Y si somos el líder de la reunión, nuestra falta de preparación hace malgastar el tiempo de todos.

La preparación es uno de los factores más importantes para determinar el futuro de una persona en la organización.

Yo creo que la preparación es uno de los factores más importantes para determinar el futuro de una persona en la organización. No prepararse una vez cada mucho tiempo no es muy grave, especialmente cuando hay una buena razón, pero cuando las personas constantemente no están preparadas para entrar en la agenda con datos e ideas investigados, no estarán en la lista para la siguiente promoción.

Pienso en dos preguntas: primero, cuando entro en una reunión, ¿me ve la gente con materiales que he preparado, con mi dispositivo en la mano para poder tomar notas y cualquier investigación que haya conseguido para la conversación? Si no, tienen todo el derecho de pensar que realmente no estoy con ellos. Y segundo, después de hablar, ¿les dejo con la confianza de que lo he dado todo, o debería haber pasado algo más (o mucho más) tiempo asegurándome de que mis puntos eran abundantes, claros y tenían conexión?

El entendimiento

Cuando me reúno con personas, quiero que sepan que los conozco. Si es una primera reunión, he hecho la investigación del trasfondo de la persona, he estudiado el tema que vamos a discutir y me he interesado por la familia de la persona. A menudo descubro más sobre ellos por varios medios. Tengo la esperanza de que en los primeros cinco minutos de nuestra conversación, la persona piense: *¡Sam Chand realmente me conoce!* Cuando eso sucede, pueden ocurrir cosas increíbles. Cuando no consigo suficiente información antes de reunirnos, tengo que pasar más tiempo intentando ir más allá de la superficie para discernir las esperanzas y sueños de la persona.

Cuando estoy con Brenda, entender es incluso más importante. ¿Llego a esas conversaciones preocupado por mis propias metas y afanes, o puedo dejar esas cosas a un lado y estar *plenamente atento* cuando hablo con ella? Si ella tiene que decir: "Sam, ¿me estás escuchando?", ¡sé que estoy en problemas! Pero cuando escucho pacientemente y le digo: "Cuéntame más sobre eso", ella sabe que estoy decidido a entrar en su mundo y entender los deseos de su corazón.

Si alguien me pide que arregle un problema con su teléfono, ¡enseguida sé que no entiende mis enormes limitaciones tecnológicas! Esa persona no me conoce. Entender es una carretera de doble sentido: me he convertido en un estudiante de las personas que me rodean para entender qué les motiva, qué les gusta y qué evitan, cómo se motivan y qué les drena. Al entenderlos mejor, puedo confeccionar mi comunicación a medida para poder animarlos o desafiarlos mejor, según se necesite en cada momento. El entendimiento no es un extra, sino algo esencial.

La expresión

La comunicación es un ingrediente vital en cualquier forma de liderazgo: en empresas, en iglesias y en familias. De hecho, por lo general elegimos al político que sepa comunicar mejor aunque su plataforma no sea exactamente como nos gustaría que fuera.

En conversaciones privadas, reuniones de equipos, grupos pequeños y grandes eventos, las personas están viendo cómo conecto los conceptos con su corazón, si puedo conseguir que pasen a la acción, y si les estoy dando algo que puedan usar en la siguiente hora o día. No son solo las palabras que decimos; la comunicación no verbal tiene un impacto incluso mayor que nuestras palabras. Nuestras expresiones faciales, tono de voz, gestos y lenguaje corporal pueden corresponder y confirmar nuestras ideas, pero a veces dan un mensaje muy distinto.

En un artículo de la revista *Forbes*, Naz Beheshti observa que el primer paso es volverse un estudiante de nuestro estilo de comunicación:

> Cuando somos más conscientes de nuestros gestos característicos y lenguaje corporal... podemos pasar a alinear nuestras señales no verbales con nuestro mensaje hablado. Esto comienza con claridad de intención. Pensamos que sabemos exactamente lo que queremos de una reunión o presentación dada. En realidad, no obstante, nuestra mente a menudo es un revoltijo de emociones y pensamientos aleatorios. Si nos tomamos el tiempo de concentrarnos en la esencia de nuestra intención, entonces es más probable que se materialice a través de nuestros gestos, entonación y expresión facial... Este enfoque de adentro hacia afuera pasa de la emoción al gesto. El gesto a veces anticipa e incluso da forma a la emoción y el pensamiento. Podemos escoger comenzar ahí y trabajar tranquilos. Con la práctica, podemos

aprender a ser más conscientes de ciertos gestos y señales no verbales y, por lo tanto, su efecto sobre otros y sobre nosotros mismos.[3]

Los líderes sabios prestan atención a todos los aspectos de cómo se comunican con otros: en reuniones privadas, grupos pequeños y en grandes reuniones; en informes en el Internet y en la oficina; y verbalmente o de forma no verbal. La comunicación es tanto un arte como una ciencia. Tenemos que entender a nuestra audiencia, incluso si es una audiencia de una persona. Las personas necesitan conceptos, pero conectan con las historias que les contamos, así que necesitamos usar la narrativa para comunicar nuestro punto, incluso aunque la lista de temas de la agenda sea larga y el tiempo sea corto.

Aunque he estado en los Estados Unidos durante más de cuarenta años, sigo hablando con acento. Cuando me doy cuenta de que las personas no entienden lo que estoy diciendo, hablo más lento y claro. Si eso no funciona, uso el movimiento de mis manos. Las conexiones personales son tan importantes que haré casi cualquier cosa para asegurarme de que la persona me entienda.

---

3. "The Power of Mindful Nonverbal Communication", Naz Beheshti, *Forbes*, 20 de septiembre de 2018, https://www.forbes.com/sites/nazbeheshti/2018/09/20/beyond-language-the-power-of-mindful-nonverbal-communication/#a94902d15018.

LOS PATRONES APARECEN CON EL TIEMPO

La mayoría de lo que las personas observan de nosotros sucede de forma instantánea, pero con el tiempo, las personas disciernen patrones en nuestra conducta, patrones que les dicen si se puede confiar en nosotros o no. La confianza es el pegamento de las relaciones. Si demostramos mediante varias y repetidas experiencias que somos fiables, las personas saben que pueden confiar en nosotros, pero si nos ven transigiendo o cambiando números cuando estamos bajo presión, tendrán razones para cuestionar nuestra integridad. Cuando murmuramos de alguien, les decimos a los oyentes probablemente más de lo que queremos que sepan de *nosotros*... ¡y ellos enseguida se dan cuenta de que podrían ser nuestra próxima diana!

Las observaciones que las personas hacen de nosotros puede que no sean sobre nuestro carácter, sino sobre nuestra capacidad en una situación dada. Quizá se dan cuenta de que podemos soportar una carga pesada, o que nos hundimos bajo cierto tipo de presión. Al vernos durante meses o años, observan nuestra capacidad para persistir en la dicha y en la adversidad. Carácter y capacidad, estas dos cosas les dicen a las personas todo lo que deben saber de nosotros.

ACTÚA COMO SI TODOS LOS OJOS TE ESTUVIERAN MIRANDO

En una carta a un amigo, el expresidente de los Estados Unidos, Thomas Jefferson, escribió:

> Cuando vayas a hacer algo, aunque nunca lo sepa nadie salvo tú mismo, pregúntate cómo actuarías si todo el mundo te estuviera mirando, y actúa en consonancia. Reúne todas tus buenas disposiciones, y ejércelas siempre que surja la oportunidad.[4]

Jefferson dio este consejo doscientos años antes de tener cámaras cubriendo cada palmo de las tiendas, y que las páginas web registraran cada clic del *mouse*. Es intuitivamente obvio que mostramos nuestra mejor conducta cuando sabemos que las personas nos están mirando; hoy, las personas observan mucho más que antes. Estudios recientes muestran que no se necesitan ni siquiera los ojos humanos para mejorar nuestra conducta. Un grupo de científicos británicos descubrió que poner pósteres de ojos mirando fijamente tenía un efecto similar.[5] Grabaron "conductas de limpieza" en la cafetería de una universidad y observaron el número

4. "The Letters of Thomas Jefferson", a Peter Carr, Paris, 19 de agosto de 1785, http://avalon.law.yale.edu/18th_century/let31.asp.
5. "Effects of eye images on everyday cooperative behavior: a field experiment", Max Ernest-Jones, Daniel Nettle, y Melissa Bateson, Escuela de Psicología, Newcastle University, 6 de mayo de 2010, https://www.staff.ncl.ac.uk/daniel.nettle/ernestjonesnettlebateson.pdf.

de personas que llevaban a la basura sus sobras en vez de dejarlas en la mesa.

En su estudio, los investigadores determinaron el efecto de los ojos sobre la conducta individual controlando varias condiciones (ejemplo, pósteres con un texto correspondiente, sin ningún texto, hombre versus mujer, pósteres de algo no relacionado como flores, etc.). Los pósteres estaban colgados al nivel de los ojos, y cada día el lugar de cada póster se decidía al azar. Los investigadores descubrieron que durante periodos en los que pósteres de ojos, en lugar de flores, miraban a los comensales, al terminar de comer el doble de gente recogía la mesa... Los humanos (y otros animales) tienen una arquitectura neural dedicada a detectar elementos faciales, incluyendo la presencia de ojos. Este sistema integrado, también conocido como "detección de la mirada", sirvió como una herramienta evolutiva importante en entornos ancestrales (por ejemplo para detectar enemigos acechantes). Además, la habilidad de operar en situaciones sociales depende de nuestra habilidad para explotar información social provista por las expresiones de los rostros y los ojos de otros. Lo más interesante es que este sistema involucra principalmente áreas del cerebro que no están bajo el control voluntario.[6]

---

6. "How the Illusion of Being Observed Can Make You a Better Person: Even a poster with eyes on it changes how people behave", Sander van der Linden, *Scientific American*, 3 de mayo de 2011, https://www.scientificamerican.com/article/how-the-illusion-of-being-observed-can-make-you-better-person.

Muchos de nosotros les hemos dado a otros demasiada información personal en plataformas de redes sociales. Nuestros movimientos pueden ser rastreados mediante el GPS de nuestros teléfonos. El consejo de Jefferson era bueno hace dos siglos, y hoy día es aún más relevante debido a que casi siempre estamos siendo observados por alguien, o por algo. Raras veces estamos a solas. Muchas empresas usan un software sofisticado para monitorear la eficacia de sus empleados y rastrear su progreso. En estas organizaciones siempre hay *ojos* que nos miran.[7]

VALOR Y PREGUNTAS

En los últimos años me he dedicado a invitar a personas a que me digan lo que ven en mí. No limito esta búsqueda a quienes estoy seguro de que solo me harán buenos comentarios. Le pregunto prácticamente a todo aquel con el que tengo interacciones significativas. Les digo algo así:

- ¿Qué necesitas de mí que no te estoy dando?
- ¿Cómo te puedo ayudar mejor?
- ¿Qué te está ayudando y qué no?

Sorprendentemente, la mayoría de las personas son sinceras y honestas en sus respuestas, y eso me ha ayudado

7. "14 Best Tools to Measure Employee Performance", Scott Gerber, Business.com, 22 de febrero de 2017, https://www.business.com/articles/14-best-tools-to-measure-employee-performance.

enormemente. Estoy bastante seguro de que hace muchos años no hubiera querido oír lo que algunas de esas personas tendrían que decirme, pero a medida que voy siendo –digamos– más maduro, voy teniendo menos miedo a la verdad. De hecho, la recibo bien. Jesús vino *"lleno de gracia y de **verdad**"* (Juan 1:14). Estoy convencido de que las personas, yo mismo incluido, no pueden oír la verdad muy bien a menos que experimenten la gracia del amor y la aceptación. Entonces, sus observaciones se pueden convertir también en mi verdad.

Cuando otros ven algo en nosotros que nosotros mismos no podemos ver, su opinión puede cambiar la trayectoria de nuestra vida.

ALGO DE LA NADA

Las observaciones que otros hacen de nosotros pueden ser plataformas de lanzamiento para impulsarnos hasta lugares a los que nunca hubiéramos imaginado poder llegar. Cuando otros ven algo en nosotros que nosotros mismos no podemos ver, su opinión puede cambiar la trayectoria de nuestra vida. Quizá lleguemos a la conclusión de que nuestras situaciones limitan nuestro potencial porque no tenemos la ayuda de *las personas indicadas*. Por supuesto, algunas personas tienen ventajas sobre el resto. Sus familias tienen dinero y pueden asistir a las mejores universidades, y tienen las conexiones idóneas para abrir muchas puertas. Podemos mirarlos y sentir resentimiento o autocompasión, o podemos darnos cuenta de que Dios ha puesto en nuestra vida personas que quizá no esperaríamos, para observarnos, formarse una opinión nuestra y abrirnos puertas de oportunidad.

Las Escrituras nos dicen claramente y a menudo que Dios observa absolutamente todo lo que ocurre en el universo, nosotros incluidos. Llamamos a esta capacidad *omnisciencia*. Por ejemplo, el escritor de Hebreos explica:

> *Ninguna cosa creada escapa a la vista de Dios. Todo está al descubierto, expuesto a los ojos de aquel a quien hemos de rendir cuentas.* (Hebreos 4:13)

Nosotros a veces leemos la Biblia como si fuera un montón de aburridos artículos del Internet, y nos perdemos la riqueza de la historia. Cuando eso sucede, es útil imaginarnos *allí*, en ese momento.

Uno de los pasajes más emotivos del Antiguo Testamento se encuentra en Génesis 29, cuando Labán engañó a Jacob para que se casara con sus dos hijas, la hermosa Raquel y la menos agraciada, Lea. Era dolorosamente obvio para Lea que su esposo prefería a *la otra mujer,* su hermana. Ella anhelaba ganarse el afecto de Jacob dándole hijos. Cuando tuvo su primer hijo, Rubén, Lea dijo: "*El Señor ha visto mi aflicción; ahora sí me amará mi esposo*" (versículo 32). El Señor vio el dolor de su soledad... pero Jacob seguía sin amarla. Lea tuvo un segundo hijo, Simeón, y dijo: "*Llegó a oídos del Señor que no soy amada, y por eso me dio también este hijo*" (versículo 33). Pero eso tampoco consiguió el efecto deseado en Jacob. Entonces Lea tuvo un tercer hijo, Leví, y esta vez esperaba que sí funcionara: "*Ahora sí me amará mi esposo, porque le he dado tres hijos*" (versículo 34). En esa cultura, ¡una mujer que daba a su esposo tres hijos era una heroína! Se ganaba el respeto y la admiración de cualquiera en la comunidad, especialmente de su esposo.

Lea estaba segura de que Dios había *visto* el hecho de que no era amada; Dios había *oído* sus súplicas pidiendo el afecto de Jacob, y ella esperaba que finalmente él se sintiera *atraído* hacia ella. Pero incluso después de que Lea le había dado tres hijos, Jacob seguía teniendo ojos solo para Raquel.

Entonces algo ocurrió en el corazón de Lea. Se dio cuenta de que la atención de Dios era más importante que la de ningún hombre, incluyendo la de su esposo. Tuvo un cuarto hijo, Judá, y esta vez su oración cambió de la desesperación al contentamiento: *"Esta vez alabaré al Señor"* (Génesis 29:35). El hecho de que Dios, el Señor de amor, paz y fortaleza, la viera, fue suficiente para Lea. Jacob no la veía, pero Dios sí y la bendijo abundantemente. Fue mediante el linaje de Judá que Él envió a su Hijo para salvar al mundo.

Cuando nos metemos en las historias del Nuevo Testamento en los cuatro Evangelios, vemos que Jesús tenía una manera de sorprender a las personas. Más aún, ¡frecuentemente los impactaba! Sus observaciones eran a menudo contrarias a lo que otros veían, y eso cambiaba todo para las personas. Él se daba cuenta. Prestemos atención a este momento:

> *Al irse de allí, Jesús **vio** a un hombre llamado Mateo, sentado a la mesa de recaudación de impuestos. «Sígueme», le dijo. Mateo se levantó y lo siguió.*
>
> (Mateo 9:9)

Jesús *vio* a Mateo. El Nuevo Testamento se escribió primero en griego, el lenguaje que se hablaba en todo el mundo romano; en el comercio se usaba incluso más que el latín. La palabra griega traducida como "vio" es *theaomai*, que significa "contemplar, ver con atención". ¿Qué observó Jesús cuando miró a Mateo? Vio a un recaudador de impuestos. En esa cultura, ese empleo no era un trabajo respetado como el de un trabajador de Hacienda. En la Palestina del primer siglo, varios hombres judíos colaboraban con las fuerzas de ocupación romanas sacando dinero de sus paisanos. Se les consideraba traidores, la escoria de la tierra. Pero cuando Jesús vio a este hombre despreciado recaudando impuestos de otros judíos, vio algo más, algo más profundo, algo mejor. Él miró más allá de su traición y observó dos cosas: Mateo era bueno en su trabajo y tenía un corazón para Dios. Así que Jesús le pidió a Mateo que le siguiera. ¿Cómo sabemos que esto es lo que Jesús vio? Veamos la siguiente escena:

> *Mientras Jesús estaba comiendo en casa de Mateo, muchos recaudadores de impuestos y pecadores llegaron y comieron con él y sus discípulos. Cuando los fariseos vieron esto, les preguntaron a sus discípulos: —¿Por qué come su maestro con recaudadores de impuestos y con pecadores? Al oír esto, Jesús les contestó: —No son los sanos los que necesitan médico, sino los enfermos. Pero vayan y aprendan qué significa esto: "Lo que pido de ustedes es misericordia y no sacrificios". Porque no he venido a llamar a justos, sino a pecadores.*
>
> (Mateo 9:10-13)

Este relato nos dice que Mateo estaba abierto al amor de Jesús, pero tenemos otra pista sobre su experiencia profesional: él escribió el primer libro del Nuevo Testamento. El Evangelio de Mateo se escribió a los judíos, Marcos a los romanos, Lucas a los griegos y Juan a los creyentes en general. Era crucial para los judíos conocer la genealogía de Jesús. Como Mateo era un contable profesional, comenzó su Evangelio con el "pedigrí" de Jesús: "*Tabla genealógica de Jesucristo, hijo de David, hijo de Abraham*" (Mateo 1:1). Entonces Mateo enumera los ancestros de Jesús para llenar los huecos entre Abraham y David, entre David y el exilio a Babilonia, y entre el exilio y Jesús.

Como Mateo entendía la cultura judía desde dentro (como judío) y desde fuera (como colaborador romano), su Evangelio está lleno de referencias al Antiguo Testamento para demostrar que Jesús es el Mesías prometido por los profetas de Israel, y comunica de forma poderosa el mensaje de Jesús a cada lector, sea judío o gentil. Cuando las personas abren el Nuevo Testamento, primero leen el relato de la vida de Jesús, escrito probablemente por la persona más improbable para contribuir a las santas Escrituras.

Jesús era criticado por juntarse con personas como Mateo. La institución religiosa, los fariseos, eran ferozmente leales a la *ley* de Dios, pero pasaban por alto el corazón de Dios. En los relatos del Evangelio, a menudo los vemos resistiendo y teniendo resentimiento hacia Jesús porque Él veía valor en las personas que los fariseos pensaban que eran despreciables.

La historia de Mateo no es un incidente aislado. Jesús se invitó a sí mismo a comer con uno de los principales recaudadores de impuestos llamado Zaqueo; Jesús aceptó de buen grado la gratitud de una mujer de la noche, que encontró perdón y un nuevo propósito en un encuentro con Él; Jesús se desvió de su camino para explicar su ofrecimiento de "*agua viva*" a una mujer samaritana que era despreciada entre su propio pueblo; se debió haber reído con deleite cuando cuatro amigos de un hombre lisiado hicieron un agujero en el techo de la casa de un vecino para bajarlo y situarlo delante de Jesús; y se maravilló de la fe de una madre que le suplicó que echara de su hija un demonio. Los encuentros de Jesús con dos hermanas, María y Marta, fueron muy distintos cuando su hermano Lázaro murió. Cuando Marta salió a su encuentro, Jesús le dio un breve seminario sobre la promesa de la resurrección, pero cuando María cayó a sus pies llorando y otras personas lloraron con ella, Jesús preguntó: "*¿Dónde lo han puesto?*" (Juan 11:34), y después Él también lloró.

Jesús observaba de forma intencional. Veía lo que otros no veían, especialmente en las personas que eran consideradas traidoras, despreciadas, inadaptadas, dubitativas, angustiadas y "menores" en cualquier otro sentido.

Como a la mitad de su ministerio, Jesús probablemente tenía entre setenta y cien seguidores. Lucas nos dice que Jesús pasó toda la noche en oración y después escogió a los Doce para que fueran sus apóstoles. El resto de ellos siguieron siendo discípulos, que significa "seguidores", pero Jesús escogió a doce hombres específicamente para llevar el mensaje después de que Él se fuera. ¿Quiénes eran? La mayoría eran empresarios que tenían habilidades y recursos, pero decidieron invertirlo todo en su compromiso con Jesús.

Al margen de cuál pueda ser nuestro trasfondo, la gente ha puesto sus ojos en nosotros. Nos han visto, se han formado una opinión de nosotros y nos han abierto puertas de oportunidad. El primer paso, no obstante, es siempre la observación.

La cámara está siempre encendida... y está siempre enfocándonos.

Piensa en esto:

- ¿Quién vio tu potencial con más claridad que tú en un punto crítico de tu vida?
- ¿De qué forma tu vida es distinta hoy porque esa persona observó algo bueno en ti? Conecta con esa persona hoy para decirle: "Gracias".

Las personas más bellas que he conocido son esas que han conocido la derrota, que han conocido el sufrimiento, que han conocido el esfuerzo, que han conocido la pérdida y han encontrado su camino para salir de las profundidades. Estas personas tienen un aprecio, una sensibilidad y un entendimiento de la vida que los llena de compasión, amabilidad y una profunda y sincera preocupación. Las personas bellas no surgen de la nada.

—Elisabeth Kübler-Ross, autora y psiquiatra

El mayor reto es convertirte en todo aquello para lo que tienes el potencial. No creerás lo que significa para el espíritu humano maximizar tu potencial humano y estirarte hasta el límite.

—Jim Rohn, empresario y autor

2

MEJORES LENTES

Cuando miramos a otros, ¿qué vemos?

Muy frecuentemente en mis viajes se cancela mi vuelo. Cuando sucede esto y me acerco al personal del mostrador para reprogramar mi viaje, al instante puedo leer los sentimientos de la persona: exasperación, aburrimiento, molestia o alegría por ayudarme a arreglar el problema. Antes de decir ni una palabra, he hecho una observación y me he formado una opinión para poder moldear mi interacción y así conseguir mi meta de entrar en el siguiente vuelo disponible. Si la persona está malhumorada y yo hago lo mismo con airadas demandas, me habré creado un enemigo en vez de ganarme un amigo. Cuando me doy cuenta de que la persona no está precisamente emocionada por verme, yo sonrío un poco más, ablando mi tono de voz y entro en su mundo con un simple comentario como: "Estoy seguro de que esto es tan incómodo para usted como lo es para nosotros". Esto casi siempre provoca una sonrisa y allana el camino para un encuentro productivo. Mi observación inicial moldeó mi respuesta con el personal de la agencia de vuelo.

En el capítulo anterior vimos que la interrupción revela nuestro carácter; ahora, observamos cómo revela el carácter de aquellos a quienes estamos observando. Hacemos las observaciones más precisas de las personas cuando las vemos responder al estrés. Como líderes, padres y amigos, quizá nuestra mayor responsabilidad es ser estudiantes de las personas, percibir su carácter cuando están bajo presión y ver cómo usan su intelecto y talentos para resolver problemas. Esto significa que nuestra meta no es siempre aliviar la presión. La gente aprende mucho más de hacer frente a las dificultades que de disfrutar del éxito. Es mucho más productivo si los entrenamos para responder a las presiones de la vida con sabiduría y valor. Nuestras observaciones modelan nuestra visión de la persona, y con las opiniones que obtenemos de las respuestas a los problemas, damos mayores oportunidades o redirigimos la trayectoria de la persona.

Leer a las personas no está limitado solo a los psicólogos o a algunos que tienen un don particular. Todos lo hacemos todo el día, durante todos los días... pero siempre podemos mejorar nuestras habilidades de observación un poco más.

A veces la interrupción en nuestra vida nos lleva a un nuevo nivel en nuestra habilidad para hacer observaciones precisas. El 5 de marzo de 2018, Brenda y yo conducíamos a casa al anochecer por una carretera de dos carriles, cuando un automóvil se metió en nuestro carril y nos chocó de frente. Nuestro SUV y el automóvil del otro conductor iban a 70 kilómetros por hora, así que chocamos a una velocidad combinada de 140 km/h. El frontal de nuestro SUV quedó aplastado. Los airbags nos salvaron la vida, pero Brenda y yo nos fracturamos algún hueso. Mientras esperábamos en un lado de la carretera a que llegara la ambulancia, un policía nos dijo que el otro conductor tenía un nivel de alcohol en sangre mayor del permitido legalmente. Yo escuchaba las palabras, pero no estoy seguro de que me importaran en ese momento. Mi mente estaba totalmente consumida por el estado de Brenda y mi dolor. Pasamos una noche en la sala de urgencias del hospital recibiendo pruebas médicas, y la rehabilitación duró varios meses.

Hay algo en este tipo de eventos que aumenta nuestra consciencia, y ahora somos más observadores que nunca. Ahora, cuando estoy en una carretera de dos carriles, especialmente al anochecer, ¡vigilo como un halcón el tráfico que viene de frente! Cuando paso junto a un accidente con una ambulancia y un cambión de bomberos junto a los autos accidentados, hago una oración por las personas afectadas porque sé por lo que están pasando. Cuando veo la escena de un accidente, no digo: "Eso me podía haber pasado a mí", ¡porque me pasó a mí!

EL TAMIZ DE LAS EXPERIENCIAS

Todas nuestras observaciones están teñidas por experiencias previas, que sirven como un tamiz sobre el que ponemos lo que vemos acerca de las personas y los eventos. Nuestros trasfondos nos han entrenado para notar ciertas cosas de la gente, y no somos tan buenos para notar otras cosas. Como viajo mucho, observo a las personas que no viajan mucho. Llevan mucho equipaje, son impacientes con el proceso normal de volar, son muy ruidosos y todo les parece un mundo. Pero también veo que el viaje es, a menudo, especialmente significativo para ellos, lo cual me permite darles un poco más de gracia.

Nuestros trasfondos nos han entrenado para notar ciertas cosas de la gente, y no somos tan buenos para notar otras cosas.

Para algunas personas, las observaciones están teñidas por heridas pasadas de abuso, así que se han vuelto *hipervigilantes,* tensos y observando cualquier señal de amenaza en algo que para ellos podría ser cualquier encuentro. En este caso han desarrollado sus habilidades de observación hasta un nivel alto, pero sus opiniones instantáneas de lo que observan están nubladas por las profundas heridas que han soportado.

Debidamente encauzado, el temor aumenta nuestra capacidad de observar con más precisión. Cuando un niño corre hacia la calle, el temor de los padres les da un influjo de adrenalina y la energía para correr y agarrar al niño antes de que resulte herido. Este tipo de temor baja cuando se termina la amenaza, pero las personas hipervigilantes nunca sienten que la amenaza ha terminado, así que *siempre están pendientes.* Sin embargo, cuando experimentan el amor necesario, entendimiento y seguridad, pueden aprender a relajarse. Por lo general mantienen su increíble habilidad para leer personas y situaciones, pero ya no interpretan todo como peligroso.

Eso empieza por ti

Joe Navarro es un exagente especial del FBI y experto en habilidades de observación. En un artículo de *Psychology Today* explica que nuestras observaciones pueden darnos una intuición sobre alguien, y más observación confirmará o cambiará nuestras primeras impresiones. Las observaciones son el marco de nuestras opiniones. Navarro escribe:

> Nunca es demasiado tarde para comenzar a observar, pero ¿qué observamos? Primero aclaremos algo sobre lo que es la observación adecuada. La observación no es ser crítico, no es buena o mala, sino que tiene que ver con ver el mundo que te rodea, tener conciencia situacional e interpretar qué es lo que otros comunican tanto de forma verbal como no verbal. Observar es ver, pero también entender, y eso exige escuchar cómo te sientes tú...[8]

Cuando notamos cómo nos sentimos al estar con alguien, estamos sintonizando con nuestra intuición. Un *sexto sentido* a menudo es más fiable que lo que ven nuestros ojos y oyen nuestros oídos. ¿La persona nos hace sentir seguros, entendidos y escuchados? ¿O sentimos temor, nervios, molestia, sospecha o menosprecio? Algunos somos astutos, pero otros somos ingenuos. Somos sabios en prestar atención a nuestra intuición y al menos observar un poco más antes de hacer cualquier tipo de compromiso. Si dedicamos tiempo a observar más plenamente, el esfuerzo, por lo general, tiene

8. "Becoming a Great Observer", Joe Navarro, *Psychology Today*, 2 de enero de 2012, https://www.psychologytoday.com/us/blog/spycatcher/201201/becoming-great-observer.

su recompensa; si no lo hacemos, a menudo pagamos el alto precio de recibir abuso en vez de que nos valoren, y puede que sea muy difícil dar un paso atrás y desconectar de la persona.

La danza de la deshonestidad

Muchas personas, incluyendo muchos líderes, temen que otros les digan lo que realmente piensan de ellos. Quizá les han atacado injustamente en el pasado, o quizá unos sencillos malentendidos se han multiplicado y han producido heridas profundas. Quizá sonrían, ¡pero están tan resguardados como un castillo medieval! No quieren que nadie descubra una falla en particular, un pecado secreto, o una herida del pasado porque son demasiado frágiles para lidiar con la exposición. Cuando la gente se acerca demasiado, ellos danzan para apartarse del camino cambiando de tema, ofreciendo una explicación superficial o poniendo excusas, ¡cualquier cosa con tal de evitar sentirse vulnerables!

Y muchos participamos de esta danza, o bien evitando la verdad que vemos en otros, o usándola para manipularlos a fin de que hagan lo que queremos. No los respetamos lo suficiente para tener conversaciones honestas, o tenemos demasiado miedo de lo que podrían decir de nosotros. El amor nos impulsa a participar, a hablar palabras de gracia *y* verdad, gracia para que la gente pueda oír la verdad. El propósito de la percepción no es la condenación o la manipulación. La observación precisa se puede usar como un hacha o un bisturí, para hacer daño o para sanar.

EL PODER DEL *PORQUÉ*

Cada organización tiene una cultura, que va desde tóxica hasta inspiradora.[9] Puede que no estemos de acuerdo con cada decisión que tome el líder, pero tenemos que entender *por qué* se tomaron las decisiones. Podemos observar las metas, y la diferencia entre metas previstas y metas reales, así como los valores, la visión y las relaciones. Dos organizaciones pueden tener la misma meta (su *qué*), pero pueden tener razones muy distintas para conseguirla (su *porqué*).

***Como líderes, las únicas dos preguntas estratégicas y amplias son* qué *y* por qué*. Todas las demás preguntas son tácticas:* cómo, quién, dónde, cuánto, cuándo, etc.**

Como líderes, las únicas dos preguntas estratégicas y amplias son *qué* y *por qué*. Todas las demás preguntas son

9. Para más información sobre la cultura organizacional, ver mi libro, *Inspira: Cómo crear una cultura organizacional poderosa* (New Kensington, PA: Whitaker House, 2018).

tácticas: *cómo, quién, dónde, cuánto, cuándo, etc.* Los líderes sobresalientes se aseguran de comunicar el *porqué* de su organización claramente y a menudo, y ellos tienen que observar a los empleados que lo entienden y a los que no. Podemos decir que una persona entiende el *porqué* por el tipo de preguntas que hace, por el tipo de soluciones que aporta, su participación en la planificación y cómo conecta los puntos entre su trabajo y el trabajo de los demás. Las personas que entienden el *porqué* están más interesadas en el éxito de la organización que en sus propios logros.

Entender el *porqué* de la organización separa lo superfluo de lo crucial. Por ejemplo, si estoy conduciendo a casa, y al dar la última curva antes de llegar veo a varios camiones de bomberos echando agua en mi casa, que está envuelta en llamas, quizá piense que hay varias cosas que me gustaría conservar, pero el riesgo de entrar a rescatarlas es demasiado grande. *¿Por qué iba a arriesgar mi vida por unas posesiones que se pueden reponer?* En vez de eso, me quedo fuera y pienso en *cuánto* me cubrirá el seguro de mi casa. Sin embargo, si llego a mi casa y veo la misma escena, pero me doy cuenta de que mi hija está dentro, no habrá nada en el cielo ni en la tierra que me impida correr al interior para salvarla. La respuesta a por qué debería entrar en la casa cambió; por lo tanto, mi respuesta a la situación también cambió.

Permíteme darte algunas implicaciones prácticas sobre cómo las observaciones pueden hacer que seamos mejores líderes:

Expresa el porqué

Cuando los líderes tienen claro el *porqué*, la mayoría de las personas que les rodean observan su enfoque y pasión, y se involucran. Los buenos líderes observan a los que captan la visión y la razón para lograr la visión, y dan oportunidades de mejorar a estas personas. Pero estos líderes también observan a los que *no* la captan. Tienen que pasar más tiempo explicando el porqué y esperar que estas personas aceleren. Sino…

He observado que, en algunas iglesias, muchos de los voluntarios no entienden el *porqué* de lo que hacen para servir. Depende del pastor o el líder del equipo explicar que cada persona juega un papel crucial en la eficacia de la iglesia. El evangelismo empieza en el estacionamiento. Si las personas se sienten bienvenidas por la sonrisa de la persona que les ayuda a estacionar, la amable persona de la entrada que les da la bienvenida, la amabilidad y atención del ujier y todos los demás con los que interactúen, probablemente será más fácil que reciban el mensaje del evangelio. Podemos suponer que todos estos voluntarios entienden el significado de sus funciones, pero eso sería un error. Están contentos de servir, pero se comprometen mucho más cuando entienden que el impacto del mensaje del pastor depende, hasta cierto punto, del calor con el que ellos se comuniquen con la gente que entra por la puerta. Cada función es importante porque todas tienen un impacto en la gente y, de nuevo, las primeras impresiones a menudo son impresiones duraderas. He escuchado a algunas personas mirar casi con desdén, y diciendo: "Pues creo que será la última vez que vaya a esa iglesia. A nadie le importó que yo fuera". Las personas de la iglesia, quizá incluyendo al pastor, no entendieron el *porqué* de sus funciones, así que no conectaron con el propósito de la iglesia (y el propósito de Dios) con lo que hacen cuando sirven.

Por supuesto, el principio de ayudar a la gente a entender el porqué es esencial en cada organización: iglesias, empresas y organizaciones sin fines de lucro. Cuando las personas entienden las razones subyacentes de lo que hacen cada día, se ponen unas lentes mejores, ven a la gente con más precisión, y observan oportunidades que siempre habían estado ahí. Con un porqué claro, las personas se inspiran y vigorizan; sin él, se desconectan, ¡y a menudo buscan la salida!

Busca personas que aporten respuestas

Los líderes tienen que contratar y cultivar personas que observen problemas, pero eso no es suficiente. También queremos que aporten soluciones. Cuando alguien me señala un problema, mi respuesta instantánea es: "¿Y qué crees que deberíamos hacer al respecto?". Espero que cada persona sea (o encuentre) la solución a un problema. De hecho, le pido que me presente tres opciones. ¿Por qué tres? Porque las primeras dos a menudo son obvias, pero la tercera respuesta exige pensar con más profundidad.

Piensa con creatividad

En distintos tipos de organizaciones de todo el mundo, he observado dos tipos de personas: los que preguntan: "¿Cuál *es*...?" y los que preguntan: "¿Qué pasaría *si*...?". Muchas personas están enfocadas en el presente, el *statu quo*, pero otras sueñan con lo que podría ser. Me encanta interactuar con personas que tienen mentes veloces y que siempre están considerando posibilidades. No todas sus ideas se materializan, pero sirven para inyectar energía y pasión en sus organizaciones.

En distintos tipos de organizaciones de todo el mundo he observado dos tipos de personas: los que preguntan: "¿Cuál es...?" y los que preguntan, "¿Qué pasaría si...?".

Winston Churchill fue el primer ministro de Inglaterra durante los días más oscuros de la Segunda Guerra Mundial, cuando su país se quedó solo ante la agresión nazi en Europa. Podría haber sucumbido bajo la intensa presión, pero, en cambio, reunió junto a él a las personas más brillantes, a las más creativas, y juntos encontraron decenas de ideas innovadoras. Muchas fueron un total fracaso, pero algunas que parecían raras cuando se presentaron por primera vez resultaron ser piezas cruciales de la maquinaria militar aliada. Churchill valoró a estas personas por su "pensamiento de tirabuzón". En un artículo para el periódico británico, *The Guardian,* Neil Finnie describe su enfoque:

> Durante la Segunda Guerra Mundial, Winston Churchill declaró la necesidad de tener pensadores de tirabuzón, personas con la habilidad de salir del modo de pensamiento lineal y tradicional... Lo que sucedió después fue la creación de un número de divisiones especiales. Alan Turing dirigía el grupo que descifró el código enigma. Otro equipo de contrainteligencia planeó la famosa Operación Carne Picada. Y el Ejecutivo de Operaciones Especiales controlaba varias unidades de resistencia encubiertas que se habrían activado si Alemania hubiera invadido Gran Bretaña. El departamento era conocido de forma no oficial como el Ministerio de Guerra

No Caballeroso (SOE por sus siglas en inglés) o el Ejército Secreto de Churchill.[10]

Churchill y su pequeño equipo de soñadores miraron las duras realidades de lo *que es*, pero siempre pasaron a considerar el *qué si...*

Valora la estabilidad y la confianza

La confianza es un producto básico difícil de conseguir en cada organización, y no lo damos por sentado. Observamos la estabilidad y la constancia de las personas en nuestro equipo, y gradualmente, nuestra confianza en ellos crece. Algunas personas tienen grandes ideas, pero raras veces perseveran hasta convertirlas en una realidad. Otros son trabajadores lentos, pero laboriosos, que hacen sus trabajos sin destellos ni algarabías. Quizá acudamos al primer grupo en busca de una idea creativa, pero vamos al segundo para que se materialice. Buscamos personas predecibles a la hora de dar todo lo que tienen al equipo y la organización, pero predecibles en el buen sentido. La confianza es un sentimiento creado por la realidad de la actitud repetida. La confianza se hace pedazos ante la crueldad y las demandas irreales, se erosiona gradualmente mediante las conductas

10. "Corkscrew thinking won the war. Here's how to use it in business", Neil Finnie, *The Guardian*, 7 de abril de 2017, https://www.theguardian.com/small-business-network/2017/apr/07/corkscrew-thinking-world-war-two-business-winston-churchill.

pasivo-agresivas y la pasividad, y se construye mediante un respeto regular y productividad.

Las organizaciones solo pueden llegar hasta donde llegue el nivel de confianza del equipo de liderazgo. Si los líderes tienen confianza unos en otros, no malgastan el tiempo guardando su terreno. Pueden invertir más energías en las metas del equipo.

Algunas personas han tenido experiencias dolorosas por la traición de su confianza, así que exigen que otros se ganen su confianza mediante niveles de desempeño poco realistas, lo cual nunca ocurre. Estas personas siempre se sienten víctimas porque nadie puede llegar a la altura de sus estándares.

Necesitamos una visión de la humanidad más realista: todos somos una mezcla de bueno y malo, correcto y erróneo. Al observar a las personas tenemos que recordar que erróneo no significa que sea malo, y correcto no siempre significa que sea bueno. Una persona puede hacer algo erróneo y seguir siendo una buena persona, y puede tener razón y seguir siendo un patán. Somos criaturas multidimensionales y complejas, no recortes de cartón, así que evita etiquetas rápidas y decisivas que marquen a los demás como héroes o villanos. Cada héroe tiene defectos, y algunas personas realmente malas pueden tener algunas buenas ideas.

NECESIDAD DE RETROALIMENTACIÓN

Una de las mejores maneras de mejorar nuestras observaciones es conseguir retroalimentación de la gente que estamos observando. Pero hay un problema: hasta cierto punto, la mayoría estamos plagados de *preferencias de confirmación,* es decir, buscamos y escuchamos solo la información que confirma lo que ya creemos. En otras palabras, no estamos muy abiertos a distintas opiniones. Por supuesto, algunos conceptos no son negociables porque moldean nuestras creencias más profundas y forman nuestra identidad, pero muchas de nuestras ideas podrían beneficiarse si fueran retadas de vez en cuando. Para los líderes, este reto a menudo toma la forma de retroalimentación. Si no lo queremos, es solo porque no estamos abiertos a perspectivas que son distintas a las que ya tenemos.

Un artículo de *Forbes* explica la necesidad de retroalimentación... pero solo la correcta:

> La mayoría de los gerentes entienden la importancia de tener retroalimentación de sus empleados en su desempeño y la organización en general. De hecho, un estudio de Gallup de 469 empresas descubrió que los gerentes que recibían retroalimentación de sus fortalezas mostraban un 8,9 % de mayor beneficio tras la intervención.

El truco, no obstante, es asegurarse de que estás recibiendo una retroalimentación sincera. A veces los empleados tienen miedo de criticar a su gerente o a la compañía por temor a las repercusiones. Para cambiar esta percepción, o mejor aún, impedir que se forme en primer lugar, se requiere construir una cultura de confianza y transparencia donde se anima todo tipo de retroalimentación constructiva, sin importar la fuente.[11]

En el mismo artículo se pidió a algunos coaches de liderazgo que dieran sus mejores sugerencias sobre cómo obtener una retroalimentación precisa y sincera. David Taylor-Klaus, de DTK Coaching, recomienda: "Concertar dos conversaciones uno a uno. En la primera, hacer solo estas tres preguntas: ¿Qué estás recibiendo de mí que te hace querer más de eso? ¿Qué estás recibiendo de mí que te hace querer menos de eso? ¿Qué no estás recibiendo de mí que quisieras recibir? Como respuesta, tú solo deberás hacer preguntas de aclaración, ¡sin explicarte ni defenderte! En la segunda conversación, comunica lo que oíste y planea los cambios y acciones a los que te comprometes".[12]

11. "Want Honest Feedback from Employees? 16 Strategies to Try", Forbes Coaches Council, Forbes Coaches Council, *Forbes*, 17 de octubre de 2017, https://www.forbes.com/sites/forbescoachescouncil/2017/10/17/want-honest-feedback-from-employees-16-strategies-to-try/#1fc904e929ac.
12. Ibid.

Y Jill Hauwiller, de Leadership Refinery, sugiere: "Yo recomiendo mucho a los líderes emplear un proceso de 'saltar de nivel' para obtener retroalimentación, donde se reúnen con individuos de dos niveles por debajo de ellos de forma regular. A medida que se forma confianza y empatía, los líderes pueden recibir ideas increíbles sobre lo que está y no está funcionando en sus organizaciones. Esto funciona en organizaciones de cualquier tipo, mientras que los líderes se mantengan auténticamente curiosos".[13]

Como sabrás, el proceso de recibir retroalimentación lleva tiempo. Tenemos que evaluar si merece o no la pena la inversión de tiempo para tener una observación más precisa y completa de lo que está ocurriendo en la organización. Permíteme responder por ti: ¡Vale la pena! Si invertimos el tiempo, veremos a nuestra gente y nuestros procesos con más claridad. Probablemente nos daremos cuenta de que al menos algunas de nuestras suposiciones eran erróneas, y tendremos la oportunidad de hacer cambios sustanciales. Escuchar a nuestra gente, por lo general, nos ayuda a ganarnos su respeto, incluso si no hacemos nada de lo que sugieren. Cuando se sienten conocidos y entendidos, aumenta la confianza, la comunicación fluye con más facilidad, se vencen obstáculos y la organización crece.

---

13. Ibid.

DESARROLLAR HABILIDADES DE OBSERVACIÓN

Todos podemos desarrollar habilidades para observar a la gente que nos rodea. Por muy intuitivo que puedas ser, permíteme ofrecerte algunos consejos prácticos:

Busca pistas

Al interactuar con personas, no pienses en lo siguiente que vas a decir. Entrénate, quizá escribiéndolo en tus notas en algunos lugares, para hacer observaciones sobre el lenguaje corporal de la persona, el tono de voz y las expresiones faciales. Anota cualquier desconexión entre las palabras dichas y los mensajes no verbales. Enciende la cámara y mantenla encendida.

Haz segundas y terceras preguntas

Por lo general aprendemos mucho más cuando hacemos preguntas de seguimiento. La respuesta a la primera puede que sea aprendida o superficial, pero cuando insistimos un poco, a menudo recibimos mucha más información. No supongas que la primera respuesta de la persona es la respuesta completa. Casi siempre hay más que explorar.

"Cuéntame más"

Una de las mejores frases que puedes decir para conseguir una explicación más amplia y profunda es sencillamente: "Cuéntame más sobre eso". ¡Es oro para la conversación!

La falta de retroalimentación te dice mucho

Cuando alguien rehúsa participar en una conversación, o participa solo a un nivel superficial, te está diciendo que tiene miedo de ser sincero contigo. El problema puede que seas tú, o puede que sea la otra persona. En el momento adecuado, detente y di: "Esto es lo que creo que está sucediendo ahora. Por alguna razón, no te sientes cómodo hablando conmigo. ¿Te importaría decirme si tú también lo ves así?".

No esperes un alineamiento completo

La gente viene de distintos trasfondos y experiencias, con diferentes perspectivas sobre prácticamente cada aspecto de la vida. Aprende a valorar la variedad, mientras se alinee con las metas y procedimientos más importantes de la organización.

UNA PREGUNTA CLAVE

Cuando hablo y me reúno con líderes, les pregunto: "Si cambiaras de lugar tu empresa o ministerio a tres mil kilómetros de distancia y pudieras llevarte a cinco personas contigo, ¿a quién te llevarías, sin contar a tu familia?". Este es un ejercicio fascinante. Muy a menudo, los líderes inmediatamente piensan en las funciones que necesitarán en su nueva aventura: director financiero, gerentes, líderes de jóvenes, expertos en mercadeo, etc. Cuando van en esa dirección, les digo: "Siempre puedes contratar el talento. Quiero que escojas a personas en las que confíes y a las que respetes, personas que añadan valor a tu vida". A menudo piensan en dos o tres, y después se atascan. Si su cónyuge está presente, ¡la lista del cónyuge es por lo general muy distinta a la del líder!

Cuando finalmente han identificado a cinco personas, pregunto: "¿Qué vas a hacer ahora para edificarlos? ¿Cómo estás invirtiendo en su desarrollo? ¿Les estás dando solo tareas, o estás haciendo la vida con ellos para que comprendan tu visión y tu corazón?".

Este ejercicio les fuerza a ser más observadores con sus personas más importantes, las personas que realmente importan, y a trazar un plan para ayudarles a ser más eficaces, ahora y al margen de lo que el futuro pueda deparar.

Los mejores líderes, padres y amigos son los que son hábiles observando a otros. Por muy profesional que pienses que es tu habilidad, no la desatiendas, porque siempre puedes mejorar.

Piensa en esto:

- ¿Cuál es una sugerencia práctica de este capítulo que quieres aplicar hoy? ¿Qué diferencia marcará?
- ¿Cuáles son tus métodos regulares y eficaces de obtener retroalimentación de los que te rodean? ¿Tienes que hacer algún cambio para recibir una retroalimentación más precisa o para estar más abierto a lo que la gente te diga? Si es así, ¿cuáles son los cambios?
- Si trasladaras tu empresa o ministerio a tres mil kilómetros de distancia y pudieras llevarte a cinco personas contigo, ¿a quiénes escogerías, sin contar a tu familia? ¿Qué estás haciendo ahora para invertir en ellos?

Cuando la gente confía en apariencias superficiales... en vez del conocimiento profundo de otros a nivel del corazón, mente y espíritu, se pone en peligro su habilidad para evaluar y entender con precisión a la gente. —James A. Forbes

PARTE DOS
OPINIONES

3

EL PRODUCTO DE LAS OPINIONES

Tu vida ha sido moldeada por las opiniones que otros tienen de ti

Cuando llegué a América en 1973, mi acento era muy fuerte. Con mucha frecuencia, la gente no entendía lo que yo decía. Lo intentaban, pero tras unos intentos movían su cabeza y se desconectaban de mí. No era culpa suya, sino mía por completo. De inmediato llegué a la conclusión de que tenía que aprender a hablar con más claridad para que las personas pudieran entenderme. Después de solo tres días en este país, me di cuenta de que mi nombre es impronunciable para los estadounidenses. Se escribe Chand, pero en India se pronuncia Chunthe. Cada vez que me presentaba, la persona hacía una mueca y me pedía que repitiese mi nombre...una y otra vez. Yo decía: "Me llamo Sam Chunthe", y ellos decían: "¿Chand?". Yo les decía: "No, es, y ellos decían: "De acuerdo, ahora lo entiendo: Chand". Enseguida me di cuenta de que si nadie en América podía entenderme, tenía que hacer algún cambio. No quería pasar el resto de mi tiempo en el país corrigiendo tediosamente cómo las personas pronunciaban mi nombre. Así es como me convertí en Sam Chand después de tres días frustrantes.

El cambio ha resuelto muchos problemas en América, pero creó algunos de ellos lejos de aquí. Hago viajes regulares a India, y cuando me presento como Sam Chand, las personas me miran como lo hacían los estadounidenses durante esos tres días. Dicen: "¿Chand? ¿No es Chunthe?".

"Sí, sí", les digo enseguida. "Así es. Ese es mi nombre".

La pronunciación de mi nombre fue la primera vez que las personas de este país me malentendieron, pero no fue la última.

En 1979 Brenda y yo nos queríamos casar, así que saqué una cita para pedir a nuestro pastor que oficiase la boda. Estaba emocionado de que todo iba encaminado a tener una boda bonita en la iglesia. Estoy seguro de que él conocía el propósito de nuestra reunión y que se había preparado, pero resultó que no era así. Él me rechazó, diciéndome abiertamente: "No creo que funcione que una joven estadounidense se case con un hombre de India. Los matrimonios de raza mixta, especialmente en el Sur, tienen una cuesta muy empinada, y quiero ahorrarte que sufras algunos dolores de cabeza. Tu matrimonio tiene muchas probabilidades de fracasar debido al estrés que supondrá".

Me sorprendió, pero no me conmocionó. Al instante pensé en nuestra participación en esta iglesia: ambos éramos miembros, ambos diezmábamos, ambos trabajábamos fielmente, ambos participábamos activamente en esfuerzos evangelísticos en la comunidad, y ambos teníamos buena relación con el pastor y las personas de la iglesia. Antes de nuestra reunión, yo no veía ningún obstáculo posible. Pero estaba equivocado.

Pude ver que él no estaba dispuesto a cambiar de opinión, así que no argumenté con él. Pero como todas las parejas enamoradas, Brenda y yo estábamos seguros de que nuestro matrimonio duraría. Tras recomponer mis pensamientos durante unos segundos, le pregunté: "Bueno, ¿y podríamos casarnos en la iglesia si encontramos a alguien calificado que quiera oficiar la ceremonia?".

Él debió anticipar mi pregunta porque de inmediato me respondió: "Sí, pero hay dos condiciones: tendrán que rentar la iglesia para la ceremonia, y yo quiero aprobar a la persona que oficiará la boda".

Yo estuve de acuerdo con sus requisitos. Pedí a otro ministro ordenado que nos casara, y accedió. Regresé con nuestro pastor y le dije cuál era nuestra elección, y él dio su consentimiento. Nos rentó la iglesia para nuestra boda. Mientras escribo este capítulo, Brenda y yo estamos celebrando nuestro cuarenta aniversario.

Unos años después, cuando Brenda y yo servimos como pastores en una iglesia en Michigan, invité a que viniera a predicar al pastor que nos rechazó. Él y su esposa se quedaron en nuestra casa. En ese entonces, nuestras hijas Rachel y Debbie ya habían nacido. Brenda y yo estábamos felizmente casados y sirviendo con éxito en nuestra iglesia, y nuestras pequeñas se estaban desarrollando. Nuestra iglesia tenía la solvencia necesaria para pagar el viaje de este pastor y su esposa, y le dimos una ofrenda por predicar. Ni Brenda ni yo dijimos: "¡Te lo dije!", pero las escenas de nuestra vida familiar le dijeron que su opinión sobre nosotros había estado equivocada.

EFECTOS PODEROSOS

Algunas personas insisten en que no les importa lo que nadie opine de ellos. Eso es absurdo. Dios nos ha hecho como criaturas relacionales, y vivimos y morimos por las opiniones de quienes nos rodean. La pregunta es: ¿de quién es la opinión que más nos importa?

Vivimos y morimos por las opiniones de los que nos rodean. La pregunta es: ¿de quién es la opinión que más nos importa?

En tres ocasiones distintas, Jesús y los que le rodeaban oyeron la opinión del Padre sobre su Hijo amado. En su bautismo, el Padre dijo: "*Este es mi Hijo amado; estoy muy complacido con él*" (Mateo 3:17). En la transfiguración, mientras Pedro, Jacobo y Juan veían que la apariencia de Jesús cambiaba delante de sus ojos, oyeron al Padre decir: "*Este es mi Hijo amado; estoy muy complacido con él. ¡Escúchenlo!*" (Mateo 17:5). Y cuando Jesús llegó a Jerusalén para la Pascua, cuando se convertiría en el Cordero de Dios, en sacrificio, algunos griegos querían reunirse con Él. Jesús les dijo que la hora había llegado para que el Padre glorificara su nombre. Entonces una voz que sonó como un trueno descendió del cielo, diciendo: "*Ya lo he glorificado, y volveré a glorificarlo*" (Juan 12:28). La opinión del Padre fue fundamental para Jesús.

Incluso Jesús, cuyo sentimiento de seguridad con el Padre era completo y fuerte, se interesaba por lo que las personas pudieran pensar de Él. Finalmente, fueron las opiniones de los líderes religiosos las que lo condenaron y lo enviaron a la cruz. Mucho antes de ese día, Mateo nos cuenta una conversación entre Jesús y sus seguidores más cercanos:

> *Cuando llegó a la región de Cesarea de Filipo, Jesús preguntó a sus discípulos: —¿Quién dice la gente que es el Hijo del hombre? Le respondieron: —Unos dicen que es Juan el Bautista, otros que Elías, y otros que Jeremías o uno de los profetas. —Y ustedes, ¿quién dicen que soy yo? —Tú eres el Cristo, el Hijo del Dios viviente —afirmó Simón Pedro. —Dichoso tú, Simón, hijo de Jonás —le dijo Jesús—, porque eso no te lo reveló ningún mortal, sino mi Padre que está en el cielo.* (Mateo 16:13-17)

Para Jesús, todo dependía de que las personas llegaran a las conclusiones correctas acerca de Él. Si se formaban opiniones incorrectas, sus futuros estaban en peligro; si eran correctas, podían experimentar el perdón, la aceptación y el poder que Él ofrece a los que creen. Una manera de leer los Evangelios es percibiendo las opiniones que las personas tenían de Jesús en cada encuentro. Descubrimos que algunos lo menospreciaban, algunos lo temían y otros lo adoraban, pero nadie se alejaba de Jesús con una opinión tibia, diciendo: "Sí, tiene razón, pero no es la gran cosa".

Si a *Jesús* le importaba lo que las personas opinaban de Él, es importante que también *nosotros* entendamos el poder de las opiniones de otros.

CÓMO NOS HACEN SENTIR LAS BUENAS OPINIONES

La buena opinión de las personas que respetamos nos inspira a dar lo mejor de nosotros.

Cuando las personas nos conocen y tienen buenas opiniones de nosotros, nos sentimos:

Apoyados

No sentimos la presión de demostrar nada. En cambio, nos sentimos valorados y libres para intentar casi cualquier cosa. Cuando fallamos, no nos hundimos. En su lugar, aprendemos de nuestros errores. Cuando sabemos que estamos a salvo, no intentamos esconder quiénes somos. No estamos preocupados siempre por no estar a la altura, así que no estamos constantemente en la cuerda floja, intentando ganarnos una buena opinión. Un experto observó que cuando somos inseguros, siempre estamos en el juzgado intentando defendernos de los acusadores (otras personas o nuestros propios pensamientos) que nos condenan.

Inspirados

La buena opinión de las personas que respetamos nos inspira a dar lo mejor de nosotros. Como creen en nosotros, llegamos más arriba e intentamos hacer más, no para ganar su aprobación, sino porque ya la tenemos y queremos ser dignos de ella. Muchas personas me han dicho que mis libros les han impactado, pero ninguno ha sido más serio que el pastor que me dijo que había pensado cometer suicidio, pero cuando leyó mi libro *El dolor del liderazgo*, se sintió entendido y animado. Su comentario me inspira a volcarme en cada palabra en mis libros y conferencias. Cuando los ejecutivos empresariales, los pastores principales o los líderes denominacionales no solo me invitan a darles mis ideas, sino que me invitan a volver después porque están convencidos de que he añadido valor a su liderazgo, me inspira a estudiar más para poder darles más.

Dotados de recursos

Cuando siento que alguien me valora, el respeto mutuo abre canales de comunicación, de modo que nos pedimos mutuamente consejos y otros recursos. El dar y recibir información y herramientas nos beneficia a ambos.

Aprecio cuando las personas me hacen preguntas penetrantes. Cuando oyen mi consejo como consultor, me escuchan hablar en un evento o leen uno de mis libros, algunas personas me piden que aclare un punto o les ayude a aplicar un concepto a su situación específica. A veces, les hago preguntas sobre qué les gustó y les ayudó. Quiero saber cómo el mensaje que doy les resulta verídico, y quiero saber si algo queda confuso o es irrelevante. No me importa pedirles su opinión, y por lo general la persona está deseosa de ser sincera conmigo. Cada una de estas conversaciones me afila y me hace mejorar.

Retados

Cuando las personas se forman una buena opinión de mí, me siento retado a estar a la altura de su alto estándar; cuando las personas se forman una mala opinión de mí, me siento retado a cambiar su opinión. De una u otra forma, estoy decidido a mejorar.

Temor

Mi opinión acerca de otros calibra mi apertura a su opinión de mí. Por ejemplo, si he dado una conferencia y alguien se me acerca después y dice: “Sam, tus puntos no fueron muy claros. Además, no estoy de acuerdo con los que entendí”, yo escucho con mucha atención e intento evaluar la validez de los comentarios de esa persona. Pero si Brenda me dice lo mismo, no tengo que hacer valoración alguna, ¡porque ya sé que ella tiene razón!

No es de extrañar que el criterio más importante que determina mi nivel de protección o apertura a la crítica es mi respeto por la persona. Si siento que la persona se preocupa genuinamente por mí, como Brenda, quizá no me guste oírlo, pero me lo tomo muy en serio. Estoy convencido de que Brenda quiere ayudarme de verdad a que sea mejor, así que escucho con mucha atención cuando ella dice algo como: "Sam, tu segundo punto no fue todo lo claro que podía haber sido. Trabaja en eso un poco más para la siguiente ocasión", o "me pareció que te costaba enlazar los conceptos al final. Trabaja en ello e inténtalo conmigo antes de volver a dar esta conferencia. No me importa ayudarte". Pero si creo que la persona solo se está desahogando y quiere ejercer algún tipo de poder mediante la intimidación, seré educado y le daré las gracias por su retroalimentación, pero no tendré en cuenta lo que me diga. Todas las opiniones son valiosas, pero algunas son más valiosas que otras. Puedo saber cuándo una persona quiere de verdad que crezca y mejore.

Todas las opiniones son valiosas, pero algunas son más valiosas que otras.

RESPONDER A LA CRÍTICA

La mayoría de nosotros reaccionamos a la defensiva cuando las personas nos critican, incluso cuando la crítica es fiable y la persona tiene buenas intenciones. En un artículo en la revista *Forbes,* Nicole Lindsay comparte su reacción instantánea a la crítica:

> Siempre he envidiado a las personas que pueden aceptar de buena gana la crítica constructiva. Parece que yo no nací con ese rasgo, y a lo largo de mi carrera me costó mucho recibir retroalimentación, incluso cuando era totalmente precisa. En el momento que oigo las palabras de crítica, mi corazón se acelera y mi mente comienza a ir más deprisa, primero buscando una explicación para ese asalto contra mi persona y luego para encontrar una razón para las acciones que se hayan cuestionado.[14]

Ella hace varias sugerencias que cambian nuestra mentalidad para que podamos recibir la crítica sin reaccionar en exceso:

- En el primer momento, observa tu reacción y cámbiala. Somos tentados y movidos a ponernos al instante a la

14. "Taking Constructive Criticism Like a Champ", Nicole Lindsay, *Forbes,* 7 de noviembre de 2012, https://www.forbes.com/sites/dailymuse/2012/11/07/taking-constructive-criticism-like-a-champ/#4b4c10612c0c.

defensiva. Detente, respira hondo, relaja tu cara y suaviza tu tono de voz.

- Recuerda que la retroalimentación sincera conduce al crecimiento. Quizá no te guste oírla, pero la crítica constructiva a menudo es el combustible para el futuro.
- Participa en el diálogo. Nuestra reacción natural es desconectar de la opinión de la persona y encontrar una decena de razones por las que no tiene razón. Lucha contra eso. Más bien, repite lo que ha dicho la persona para que ambos entiendan que entendiste el mensaje. Haz preguntas de aclaración, pero sin perspicacia en tu voz. Si tienes que volver a respirar hondo, hazlo. Y usa esas palabras mágicas: "Cuéntame más de lo que estás pensando". Deja que la subida de adrenalina inicial y la reacción de luchar o huir se vayan para que puedas oír, aclarar y tener una conversación significativa.
- Da la bienvenida a los siguientes pasos. Esta conversación casi seguro que no es el final; es solo el comienzo. Puedes darle gracias a la persona por hablar contigo y escucharte mientras le explicabas o aclarabas tus percepciones. Fija un tiempo, quizá en unos pocos días o una semana, para volver a hablar, para asegurarte de

haber hecho los cambios sugeridos o para hacer más preguntas.[15]

Estas conductas no nos salen de forma natural a la mayoría de nosotros. Tenemos que luchar contra nuestras respuestas condicionadas de estar a la defensiva y redirigir la culpa hacia otra persona, no importa quién sea. Estas respuestas necesitan práctica, pero si pasas tiempo con personas significativas en algún aspecto, tendrás muchas oportunidades de afilar estas habilidades.

ACERCARSE A TI CON SIGILO

A veces las personas se forman opiniones de nosotros que no esperábamos... y quizá no queríamos. Es útil entender cómo se forman sus opiniones.

Las opiniones son análisis instantáneos

En cada encuentro, nuestras observaciones se interpretan mediante el tamiz de las experiencias pasadas en un abrir y cerrar de ojos. Bien, quizá en dos o tres parpadeos. En un artículo de *Business Insider* sobre entrevistas para un trabajo, Anna Pitts observa: "Todo el mundo sabe cuán importantes son las primeras impresiones. Pero no todos saben que la 'primera impresión' es de hecho una ventana de solo siete segundos en la primera vez que nos reunimos

15. Adaptado de "Taking Constructive Criticism Like a Champ", Ibid.

con alguien. Esto significa que en una entrevista de trabajo tienes que actuar rápidamente para dejar una buena primera impresión en tus entrevistadores".[16]

Las "vibraciones" que las personas obtienen en esos primeros momentos son su rápida interpretación de cómo nos presentamos: la expresión de nuestro rostro, la mirada de nuestros ojos, nuestro lenguaje corporal y las primeras palabras que decimos.

Es una carretera de doble sentido

Cuando intentamos dejar una buena primera impresión en alguien, al mismo tiempo estamos evaluando también a esa persona.

A menudo empleamos una de estas dos estrategias perdedoras para cambiar la opinión de alguien: intimidación y datos.

Es muy difícil cambiar la opinión que alguien tiene de nosotros

A menudo empleamos una de estas dos estrategias perdedoras para cambiar la opinión de alguien: intimidación y

16. "You Only Have 7 Seconds to Make a First Impression", Anna Pitts, Business Insider, 8 de abril de 2013, https://www.businessinsider.com/only-7-seconds-to-make-first-impression-2013-4.

datos. Algunos insultan a la otra persona tachándola de "estúpida" (o usamos epítetos más coloridos) y otros lanzan un aluvión de datos para convencer a la persona de que tenemos razón y él o ella están equivocados. Uno de estos es socialmente más aceptable, pero ninguno funciona muy bien. En un artículo de *Inc.*, Geoffrey James destaca: "Los datos, por lo general, no cambian las opiniones porque las creencias de las personas predeterminan qué datos ellos consideran válidos o relevantes. Cuanto más fuerte es la creencia, más eficazmente se las ingenian las personas para ignorar o descartar los datos que tienden a minar esa creencia. Cuando las creencias son fuertes, los datos contrarios tienden a fortalecer en vez de debilitar esas creencias".[17] Esta conclusión parece ilógica hasta que nos damos cuenta de que la preconcepción que una persona tiene de la verdad proporciona seguridad y confianza, así que cualquier desafío le hace defender la fuente de su fortaleza. Abandonar esa fuente es casi impensable.

Nuestras opiniones moldean las opiniones de otros

A primera vista, este punto parece contradecir el anterior, pero están en dos categorías distintas. Las personas se aferran a las opiniones que más quieren si creen que su seguridad está basada en ellas, pero si no, por lo general están muy abiertas a

---

17. "How to Change People's Minds", Geoffrey James, *Inc.*, 7 de septiembre de 2017, https://www.inc.com/geoffrey-james/how-to-change-peoples-minds.html.

nuevas ideas. Por ejemplo, si le digo a un amigo: "A Brenda y a mí nos gustó mucho el nuevo restaurante italiano en Buckhead. Ella pidió lasaña y yo un pollo a la parmesana. Los dos platos estaban deliciosos", no es probable que mi amigo diga: "¡Estás loco! ¡No te creo!". Más bien, dirá: "Gracias por decírmelo. Iré con mi esposa un día de estos". En muchos casos, nuestras opiniones de un producto, un sitio para las vacaciones, un restaurante o cualquier otra cosa moldeará las opiniones de las personas que valoran nuestros comentarios.

Algunas personas comparten sus opiniones sin que se las pidan

Cuando hago fila en algún aeropuerto, a menudo alguien totalmente ajeno a mí decide que soy la persona perfecta para descargar sobre mí sus opiniones... de la aerolínea... o del tiempo... o del partido de anoche... o de la ropa que lleva alguien que pasa por ahí. Los temas son inagotables, al igual que lo es el monólogo. No sé muy bien por qué estas personas sienten la libertad o la necesidad de contarme sus ideas sobre estas cosas, pero lo hacen. Por lo general yo sonrío un segundo, pero no establezco ningún contacto visual. Espero que entiendan el mensaje. Algunos lo entienden, y otros no.

Las redes sociales son el proveedor más poderoso de opiniones

Hoy día, las personas comparten fotos de cenas, *selfies*, vacaciones y mucho más, así como sus ideas sobre cualquier tema que se te pueda ocurrir. Podemos descargar aplicaciones que coleccionan, ordenan y comunican las opiniones de las personas sobre restaurantes, hoteles, empleados, aerolíneas, ciudades, libros y cualquier producto conocido por el hombre. En el Internet, todo el mundo es autor y publicador, y podemos decir prácticamente lo que queramos, sea duro o amable, falso o verdadero. Algunas personas se convierten en monstruos que desvarían cuando sus dedos tocan un teclado. Son educados y razonables en persona, pero violentos cuando escriben. Y si los que leen sus despotriques no pueden distinguir entre la verdad y la mentira, lo cual sucede muy a menudo, las mentiras se pueden reenviar miles o millones de veces. Un experto en redes observa:

> "Falta de opinión" es un titular que nunca encontrarás... Compartir en redes sociales es como hacerse un tatuaje. La regla que prima es: cuando algo se escribe, no se puede borrar. Lo que suele pasar, especialmente con lo que causa controversia, es que las personas toman capturas de pantalla y las comparten. Así es como muchos comentarios viven durante mucho tiempo.

Si nos importan otras personas y nuestra propia reputación, nada supera a ser consciente. La mejor persona para medirte eres tú. Recuerda que en la era del Internet, todo lo que se sube en línea es permanente, y cuando se trata de lamentarse, es más probable que lamentes lo que publicas que lo que no. Por causa de los demás, y de ti mismo, sé consciente.[18]

Las opiniones de algunas personas nos inspiran, pero al menos algunas son peligrosas para nuestra salud emocional y psicológica.

Estos conceptos nos dicen que, hasta cierto punto, somos los arquitectos de las opiniones que otros tienen de nosotros. Ciertamente, no podemos controlar por completo las conclusiones que saquen de nosotros, pero podemos estar atentos a la imagen que presentamos. No estoy sugiriendo que practiquemos "la gestión de la imagen", que por lo general se entiende como el intento de cubrir nuestras faltas y hacer lo que podamos para convencer a la gente de que debe aprobarnos. Mi recomendación es que valoremos las opiniones de unas pocas personas más que de otras, y especialmente que

18. "On Sharing Opinions on Social Media", Blessing Mpofu, *Life and Leadership*, 30 de diciembre de 2016, https://blessing.im/on-sharing-opinions-on-social-media.

aceptemos la opinión de Dios de que nos ama, que nos ha perdonado y nos ha dado la seguridad de su gracia.

Tenemos que ser hábiles en filtrar las opiniones de las personas y darles el valor que merecen en una escala desde insignificante a imprescindible. Las opiniones de algunas personas nos inspiran, pero al menos algunas son peligrosas para nuestra salud emocional y psicológica. Cuando identificamos a las personas que se interesan genuinamente por nosotros, dejamos que sus opiniones profundicen en nuestra mente y corazón, e invitamos a esas personas a que nos den confianza, seguridad y una visión para un futuro brillante.

Hace unos cuarenta y cinco años, cuando era estudiante y trabajaba de cocinero por las mañanas y limpiaba los pisos por la tarde, el presidente de la universidad me dijo: "Sam, tú eres inteligente. Todo lo que toques lo convertirás en oro". Ese maravilloso momento quedó indeleblemente grabado en mi memoria. Me ha dado confianza cuando me preguntaba sobre mi futuro, y fortaleza cuando me sentía solo y débil. Una frase de desprecio puede causar un daño enorme, y una frase de afirmación produce vida, esperanza y paz. El desafío para todos nosotros es filtrar las opiniones de las personas que quieren hacernos daño y dejar que entren solo las opiniones de quienes se interesan por nosotros.

Las opiniones que otros tienen de nosotros es nuestra marca.

Piensa en esto:

- ¿La opinión de quién te ha apoyado, inspirado, equipado y desafiado? Describe el impacto que esa persona ha tenido sobre ti.
- ¿Cuáles son algunas formas de filtrar las opiniones de otros para que aceptes solo las que son útiles?
- ¿Qué investigación puedes hacer para determinar las opiniones que otras personas, clientes, feligreses, empleados, etc., tienen de tu liderazgo y de tu organización?

Te darás cuenta, si lo piensas un instante, de que las personas que te influencian son las personas que creen en ti. —Henry Drummong, banquero británico, escritor y miembro del Parlamento.

4

TU OPINIÓN ES IMPORTANTE

Nuestras conclusiones tienen un poder increíble para cambiar vidas

Los líderes me contratan por mis opiniones. Me sigue sorprendiendo que nunca pastoreé una iglesia de más de ciento cincuenta personas, pero doy consultoría a pastores que tienen iglesias de más de 10,000 miembros, y me buscan para conseguir ideas frescas. Una de las olas de innovación en la iglesia hoy son las múltiples sedes. Muchas iglesias están abriendo iglesias satélites para alcanzar a las personas, para facilitar la asistencia a los que viven lejos de la iglesia principal, y expanden con ello la influencia de la iglesia.

Los pastores tienen algo más que preocupación en cuanto a si usar videos de la semana anterior que se usaron en la iglesia madre, o una retransmisión en vivo, o una persona real en cada sede que no es el pastor principal. A menudo sienten que si toman la decisión incorrecta, su estrategia se derrumbará. Yo intento darles algo de paz mental cuando les digo: "¿Por qué no intentas las tres cosas y ves cómo te funcionan?". Al instante, puedo ver cómo cambia la expresión en su rostro de preocupación a emoción.

Cuando me reúno con líderes de todo tipo de organizaciones, casi sin excepción quieren hablar sobre uno de los miembros de su plantilla que no está haciendo un buen trabajo. Algunos de estos líderes han intentado durante años hacer que un cuadrado encaje en un hueco redondo, y finalmente se han rendido. Ahora han llegado a la conclusión de que tienen que despedir a la persona. Mientras hablamos, les digo que cada líder tiene tres opciones principales para cada empleado, director o miembro de su plantilla. Pueden *retenerlos* en la misma posición y darles más entrenamiento y recursos; pueden concluir que la persona tiene valor, pero no encaja en el papel actual y hay que *reasignarlo,* o se dan cuenta de que la persona no encaja en la cultura de la organización, al margen de la posición que se le pueda asignar, y por lo tanto la persona debe ser *liberada.* Muy frecuentemente, este sencillo conjunto de opciones ayuda al líder a observar la situación con más claridad, aclara cuál es la opinión del líder sobre la persona, y le da claridad sobre la mejor oportunidad para la persona y la organización, aunque eso signifique soltarlo.

GANAR EL RESPETO

He hablado con líderes que se quejaban de que su gente se resiste a sus ideas y a veces incluso les desafían. Me dicen: "No sé qué pasa. Diga lo que diga, tienen razones de por qué no funcionará". Al pasar tiempo con el líder y el equipo, a veces me doy cuenta de que el líder ha creado una cultura de "sí, pero".

Puede que los líderes que ven que su gente se resiste o desafía sus ideas hayan creado sin darse cuenta una cultura de "sí, pero".

Cuando las personas del equipo han propuesto ideas, el líder las ha sofocado tantas veces que el equipo ahora está devolviendo los disparos. El problema está en ambas partes, pero la solución comienza con el líder. Explico la importancia de una respuesta distinta: "Sí y...". El líder no tiene que implementar cada idea que los miembros del equipo aportan, pero cada idea se tiene que evaluar. En vez de levantar las cejas, dar un suspiro o pasar a su propia idea, el líder tiene que decir: "Esa idea es interesante. Háblame más de eso". Después de escuchar, el líder podría decir: "Ya veo a lo que quieres llegar. ¿Qué les parece si lo hiciéramos de esta forma...?". Este enfoque toma más tiempo, pero deja a las personas sintiendo que han sido escuchados, entendidos y valorados. *Ofrece* respeto y, por lo tanto, *se gana* el respeto.

Mi regla de oro es que el respeto, como el amor, cubre multitud de pecados organizacionales. No hace que esos problemas se desvanezcan en el aire, pero acaba con los desacuerdos. Sin una vaselina de respeto, cada desacuerdo se puede interpretar como una lucha por la supervivencia. Pero con respeto, la gente se siente suficientemente segura como para discrepar sin etiquetar a la otra persona de necia.

En mi equipo busco a personas del tipo "sí y", pero para mantenerlos con una actitud positiva y creativa, tienen que verme como un líder de tipo "sí y". Aprecio a las personas que tienen nuevas ideas y me empujan a pensar de manera más amplia para encontrar mejores soluciones, pero solo si disfrutamos de respeto mutuo. Si siento que la persona demanda que se haga a su forma en vez de ofrecer su forma, me doy cuenta de que tengo un problema mayor que encontrar una solución al problema que estamos tratando. Los puntos de referencia para mí son si una persona aportará ideas creativas y después, tras tomarse la decisión, se dispondrá a llevarlas a cabo, incluso si la decisión final no fue la que ella había recomendado.

Todos podemos enredarnos en nuestra agenda hasta el punto de perder de vista el cuadro más amplio y los papeles de las personas que nos rodean. Recomiendo que todos regresemos regularmente a la primera pregunta de este libro:

¿Cómo llegué hasta aquí: en este lugar, en este momento y en esta función?

Cuando reconocemos que somos el producto de las observaciones, opiniones y oportunidades que otros nos han dado, somos más conscientes de la importancia de proporcionar esos tesoros para los integrantes de nuestros equipos.

EVALUACIONES CORRECTAS

Nuestras opiniones de otros tienen que ser precisas, y no estar distorsionadas por nuestras preferencias personales. Por ejemplo, las personas creativas raras veces son buenas planificadoras, y los que son administradores detallados por lo general no son muy innovadores. Si estoy en la parte creativa del espectro, ¿valoro a las personas que trabajan en todos los detalles para que un proyecto se mantenga en su carril, o les considero de segunda clase? O si soy un ingeniero que vive mediante hojas de cálculo, ¿supongo que las personas creativas están locas porque no piensan como yo?

Uno de los errores más comunes que los líderes cometen es seleccionar a las personas erróneas para estar al frente de un proyecto. Con mucha frecuencia, escogen a aquel que más ha hablado en la reunión de plantilla. Esta persona está emocionada, comparte puntos de un artículo y da muchas ideas sobre cómo la sugerencia puede ser exitosa. Sin embargo, hablar mucho no siempre se traduce en habilidades organizacionales. La persona a la que se le debería asignar la responsabilidad puede que no haya dicho una palabra. Sé que esto es así porque lo he visto muchísimas veces. En reuniones, Brenda por lo general está callada mientras toma abundantes notas. Otras personas contribuyen con ganas a la conversación sobre resolver un problema o avanzar un proyecto, y ella lo interioriza todo sin decir ni una palabra. Sé, por experiencia, que ella es la mejor administradora del equipo. Si quiero que algo se haga a tiempo y se haga bien, le encomendaré a ella la responsabilidad.

Muchísimas veces, los líderes no toman en cuenta a las personas calladas del equipo. Les he oído quejarse: "Esa persona solo se sienta ahí, no participa. Ni siquiera sé por qué está en este equipo". Esa puede que sea una apreciación exacta, pero la mayoría de las veces la persona es como Brenda, callada en las reuniones, pero con la habilidad de hacer que las cosas sucedan detrás del telón. Tenemos que mirar más allá de nuestras observaciones iniciales para ver qué hay realmente ahí y después formarnos una opinión basada en los hechos.

Empatizamos con la persona que es como nosotros... y sospechamos un poco de los que aportan algo distinto a la mesa.

¿Por qué frecuentemente pensamos mal de las personas calladas? Porque *nos gusta lo semejante*. Empatizamos con la persona que es como nosotros, la valoramos, y sospechamos un poco de los que aportan algo distinto a la mesa. Los líderes son habladores, así que naturalmente se fijan en los que hablan claro y a menudo. Como ellos lograron el éxito con sus habilidades de oratoria, suponen que las personas calladas tienen poco que ofrecer.

Podría dar un sinfín de ilustraciones, pero permíteme compartir solo una. Larry estaba en un equipo de liderazgo en su compañía de software. En cada reunión, tenía grandes ideas y las expresaba con claridad y emoción. Cuando hablaba al equipo que él dirigía, lo motivaba poderosamente. Larry era un hábil orador al que los gerentes de departamento de la compañía le habían pedido que hablara a sus equipos. En poco tiempo se convirtió en una leyenda en la empresa. El CEO estaba tan impresionado que nombró a Larry vicepresidente.

Sin embargo, en cuestión de semanas, las responsabilidades asignadas a Larry se estaban empezando a quedar atrás. No cumplía los plazos, pero siempre tenía excusas. Con el paso de los meses, Larry pasaba la mayor parte de su tiempo hablando, a todo aquel que escuchase, pero las personas de su equipo estaban a punto de gritar porque no les daba dirección. El CEO intentó ayudar dando a Larry un administrador adicional y reduciendo sus responsabilidades, pero el CEO finalmente llegó a la conclusión de que Larry era, de hecho, el peor administrador que había conocido jamás. El CEO (y todos los demás en la empresa) habían sido cautivados por el talento de Larry para hablar, pero se habían formado una opinión errónea al pensar que él podría traducir sus habilidades para expresarse en una verdadera productividad.

¿Alguna vez has asignado una responsabilidad importante a alguien que era un buen orador, pero le costaba terminar la tarea? ¿Has supuesto que alguien que es callado está desconectado y desinteresado? No estoy sugiriendo que todas las personas calladas sean brillantes administradores, pero estoy recomendando que los líderes tienen que ser sagaces con respecto a su gente. *Nos gusta lo semejante,* así que ten cuidado de que tu opinión acerca de la gente no esté influenciada por tus propias fortalezas. Cuando nuestras opiniones están basadas en observaciones imprecisas, pedimos a los pensadores que hagan, a los hacedores que piensen, a los innovadores que organicen y a los organizadores que innoven, y estos errores frustran a todos.

LA JERARQUÍA DE LA INFLUENCIA

Cuando pensamos en dar forma a las opiniones de las personas en una organización, ayuda darse cuenta de que algunos tienen más influencia que otros. Esta no es una declaración de valor sobre ningún individuo, sino meramente una observación sobre cómo funcionan las cosas.

En la mayoría de las organizaciones, alguien tiene el papel del originador, como Steve Jobs en Apple. Varias personas toman las ideas creativas de esta persona y las convierten en un plan factible y práctico. Muchas personas se involucran entonces para crear los productos o dirigir las actividades. Y finalmente, las personas que se benefician les dicen a otros lo que han experimentado y les invitan a comprarlo o a unirse.

Como líder, no espero que todos en una organización sean creativos, y no me sorprende que solo unos pocos puedan hacer la planificación detallada. La visión para el impacto del producto, servicio o programa debería ser emocionante para todos los que participan en cualquier nivel de la organización. Y después, cuando el público ve el valor, se convierten en *evangelistas* que le cuentan a todo el mundo cómo sus vidas han sido cambiadas.

CAMBIAR DE OPINIÓN

No nos gusta cambiar de opinión. De hecho, ¡lo evitamos como una plaga! Incluso cuando nos vemos ante los hechos innegables que refutan nuestras opiniones, encontramos formas de justificar lo que ya creemos. En un artículo del *Wall Street Journal*, Steven Sloman observa:

> No somos personas que razonamos mucho. A la mayoría no nos gusta pensar nada, o nos gusta pensar lo menos posible. Y con la mayoría, me refiero aproximadamente al 70 por ciento de la población. Incluso el resto parece dedicar gran parte de sus recursos a creencias justificadas que ellos quieren retener, en lugar de formar creencias creíbles basadas solo en los hechos.[19]

Para vencer nuestra feroz resistencia a cambiar de opinión sobre personas, ideas o eventos, tenemos que entender su impacto en nosotros. Podemos identificar al menos tres maneras principales en las que la gente se forma opiniones:

19. "Forming Opinions", Steven Sloman, Wall Street Journal, 15 de marzo de 2019, https://www.wsj.com/articles/notable-quotable-forming-opinions-1492365942.

primero, tener un pasado que les ha afectado mucho. Por ejemplo, un adulto que recibió abuso emocional a manos de un padre alcohólico, es casi inevitable que se sienta indigno y crea que su opinión importa poco a los que están en autoridad. Son necesarias muchas experiencias nuevas, positivas y respetuosas para desmoronar la roca de este temor incrustado (y, al menos en un nivel, profundamente razonable). Segundo, las personas estudiosas y reflexivas forman sus opiniones en base a la preponderancia de la evidencia. Realizan una investigación meticulosa y consideran la validez de las fuentes que examinan. Después de haber llegado a una conclusión, son muy reticentes a la hora de valorar la opinión de alguien que no haya hecho una investigación exhaustiva similar que respalde sus creencias. Y tercero, hay otros que son como los ancianos del Areópago (ver Hechos 17:19-21), que se deleitan en oír todas las partes de una discusión. Sus conclusiones están basadas en la fortaleza relativa de la posición compartida y defendida de cada persona.

Seremos sabios en estirar nuestras facultades mentales, trabajar duro para ver las cosas desde un ángulo distinto, aunque solo sea para entender a los que discrepan de nosotros.

Seremos sabios en estirar nuestras facultades mentales, trabajar duro para ver las cosas desde un ángulo distinto, aunque solo sea para entender a los que discrepan de nosotros. El autor irlandés St. John Ervine recomendaba una acción drástica: "Todo hombre... debería ser obligado periódicamente a escuchar opiniones que le enfurecen. Escuchar solo lo que es agradable para uno es hacer una almohada de la mente".[20]

Nuestra autoprotección natural está basada en el crudo supuesto de que "estar equivocado es un tipo de muerte". El psicólogo Greg Lester dice que nuestras creencias son muy fuertes porque las asociamos con la supervivencia:

> Incluso las creencias que no parecen conectadas de forma clara o directa a la supervivencia... siguen estando íntimamente conectadas a la supervivencia. Esto se debe a que las creencias no ocurren individualmente o en un vacío. Están relacionadas unas con otras en un sistema muy engranado que crea la visión fundamental del cerebro sobre la naturaleza del mundo. Este es el sistema en el que confía el cerebro para experimentar la coherencia, el control, la cohesión y la seguridad en el mundo. Debe

---

20. Sewell Stokes, *Pilloried!* (New York: D. Appleton & Co., 1929).

mantener este sistema intacto para sentir que la supervivencia se logra exitosamente.

Esto significa que incluso las creencias aparentemente más pequeñas e intranscendentes, pueden ser tan integrales para la experiencia de supervivencia del cerebro como las creencias que están "obviamente" conectadas a la supervivencia. Así, intentar cambiar *cualquier* creencia, al margen de cuán pequeña o tonta que parezca, puede producir un efecto dominó a lo largo de todo el sistema, y finalmente amenazar la experiencia de supervivencia del cerebro. Por eso, las personas a menudo se ponen tan a la defensiva incluso con las creencias aparentemente pequeñas o tangenciales.[21]

Esto aclara por qué es tan difícil cambiar nuestras opiniones, pero no excusa nuestra terquedad. Ciertamente no necesitamos cuestionar cada creencia todo el tiempo, pero cuando somos confrontados con un nuevo conjunto de hechos, cuando no tenemos otra opción, o cuando las leyes del estado exigen cumplimiento, tenemos que encontrar el valor de ver las cosas desde un ángulo distinto. Por ejemplo, quizá hemos asumido que no podríamos seguir adelante nosotros solos,

---

21. "Why Bad Beliefs Don't Die", Gregory W. Lester, *Skeptical Inquirer*, Noviembre/Diciembre 2000, https://skepticalinquirer.org/2000/11/why_bad_beliefs_dont_die.

pero la muerte de nuestro cónyuge nos fuerza a encontrar una manera. Quizá hayamos creído que nuestro empleo actual es el perfecto, pero una puesta en papel de recortes de personal nos hace encontrar otro empleo. Quizá suponemos que conducir veinte kilómetros por encima de la velocidad máxima permitida es perfectamente aceptable hasta que vemos las luces giratorias del automóvil que nos persigue.

A menudo tenemos más opciones de las que nos damos cuenta. Puede que nos sintamos atascados en un trabajo con un jefe demandante, pero si no vemos oportunidades para otro trabajo cerca de donde vivimos, puede que pensemos que no podemos irnos; sin embargo, esto plantea varios caminos que podemos considerar. Podemos buscar una posición mejor en otra ciudad y vivir con los cambios que producirá en nuestra familia un cambio geográfico; podemos buscar un trabajo en nuestra comunidad; podemos intentar arreglar las cosas con el jefe para poder disfrutar de nuestro trabajo; o podemos desarrollar una piel más gruesa y no tomarnos todos los comentarios de forma personal. Nuestra opinión del jefe y de la situación puede llevarnos a un callejón sin salida en nuestro pensamiento, o puede llevarnos a considerar un abanico de opciones. Podemos ser los recipientes de lo que se podría llamar una *sabiduría vicaria*.

Por ejemplo, Mark y su hermano menor, Brad, estaban hablando un día. Mark comentó: "Sabes, me impresiona la cantidad de decisiones realmente buenas que has tomado en tu vida".

Brad sonrió: "Me fijé en ti e hice justo lo opuesto".

Mark se rió. "Inteligente. Muy inteligente".

Podemos obtener la sabiduría de las opiniones aceptadas de varias formas distintas. Lo mejor es entender los principios de la sabiduría y conformar nuestras vidas en base a ellos. Lo siguiente es observar a la gente que tenemos cerca, notar cómo resultan sus decisiones, copiar las buenas y rechazar las malas que llevan a problemas. Y finalmente, sufrimos las consecuencias de tantas decisiones poco sabias que finalmente tenemos que aprender.

PABLO TAMBIÉN TUVO QUE APRENDER

El apóstol Pablo fue uno de los pensadores más brillantes y uno de los líderes más eficaces de la historia. Hoy, dos milenios después de su vida, seguimos estudiando sus escritos. Y hoy, cerca de un tercio de las personas sobre la tierra siguen las enseñanzas acerca de Jesús que Pablo formalizó.[22] Era un hombre apasionado y resuelto que no se

---

22. "Christians remain world's largest religious group, but they are declining in Europe", Conrad Hackett and David McClendon, Pew Research Center, 5 de abril de 2017, https://www.pewresearch.org/fact-tank/2017/04/05/christians-remain-worlds-largest-religious-group-but-they-are-declining-in-europe.

detuvo cuando recibió severas palizas, ridículos y otras amenazas contra su vida. Pero como muchas personas que son así, podía ser enojadizo.

Después de que Pablo conoció a Jesús en el camino a Damasco, su vida cambió por completo. Había estado atacando a los seguidores de Jesús y, de repente, comenzó a proclamar a Jesús como el Mesías de Dios. Pablo habló primero en Damasco, pero los judíos del lugar tramaron asesinarlo. Pudo escapar por un muro y huir a Jerusalén. Pablo esperaba ser cálidamente recibido por los discípulos como un nuevo miembro de la fe, pero ellos tenían recelos de que esta "experiencia del camino de Damasco" fuera solo una treta. Creían que Pablo estaba intentando infiltrarse en la iglesia para poder capturar a sus líderes. En ese momento tan crítico cuando estaba solo, un hombre se levantó para ayudarle: Bernabé, "el hijo de la consolación", que había sido un líder generoso y fiel desde los primeros días después de Pentecostés. Con Bernabé defendiendo a Pablo y dando crédito a la autenticidad de su fe, los discípulos lo aceptaron. No es de extrañar que estos dos hombres se hicieran amigos rápidamente.

Un tiempo después, cuando Pablo y Bernabé estaban en Antioquía, los líderes de la iglesia ayunaron y oraron, y fueron guiados a enviar a los dos hombres en un viaje misionero a ciudades del territorio actualmente conocido como

Turquía. Llevaron con ellos al primo de Bernabé, Juan Marcos. En su primera parada en la isla de Chipre, compartieron el evangelio con Sergio Paulo, el principal líder, pero Elimas, un mago, intentaba impedir que el oficial recibiera la fe. Tras un tiempo, Pablo se cansó. Se dirigió hacia Elimas y le dijo: "*¡Hijo del diablo y enemigo de toda justicia, lleno de todo tipo de engaño y de fraude! ¿Nunca dejarás de torcer los caminos rectos del Señor? Ahora la mano del Señor está contra ti; vas a quedarte ciego y por algún tiempo no podrás ver la luz del sol*" (Hechos 13:10-11). Elimas quedó ciego al instante y desamparado. Sergio Paulo entonces se convenció de que Jesús era el Mesías, tal y como Pablo y Bernabé habían proclamado.

El historiador Lucas no nos da ningún detalle, pero nos dice que antes de su siguiente parada, Juan Marcos dejó el grupo y regresó a Jerusalén. Pablo y Bernabé siguieron su viaje, dirigiéndose hacia Chipre, Antioquía de Pisidia, Iconio, Listra y Derbe. En cada ciudad hablaron sobre Cristo y se encontraron con una severa oposición. En Listra, Dios usó a Pablo para sanar a un hombre lisiado, y las personas del lugar creyeron que los dos hombres eran los dioses griegos Zeus y Hermes. Intentaron ofrecer un toro como un sacrificio para ellos, pero Pablo y Bernabé se rasgaron sus vestiduras mientras Pablo les rogaba que parasen. En la siguiente escena, unos judíos hostiles de Antioquía de Pisidia aparecieron y convencieron a la gente de Listra de que Pablo y Bernabé eran charlatanes. Apedrearon a Pablo, lo arrastraron a las afueras de la ciudad y lo dieron por muerto. Si realmente murió, Dios lo resucitó y él continuó con su viaje.

Cuando regresaron a Antioquía, Pablo y Bernabé tenían historias increíbles sobre el poder de Dios obrando en las vidas tanto de judíos como de gentiles. Sin embargo, algunos de los principales judíos cristianos estaban preocupados de que esta nueva fe estuviera traspasando demasiados linderos. Creían que los gentiles primero se tenían que circuncidar para hacerse judíos a fin de poder seguir a Jesús. En una de las reuniones más importantes de la historia de la iglesia, el concilio de Jerusalén se reunió para oír a ambas partes. Finalmente, Jacobo decretó que los gentiles que creyeron eran considerados miembros plenos de la iglesia sin necesidad de hacerse judíos.

Tras el concilio, Pablo le pidió a Bernabé que le acompañara de nuevo a visitar las iglesias que habían plantado. Bernabé quería llevarse a Juan Marcos, pero Pablo no confiaba ya en el joven que les había abandonado incluso antes de sufrir hostilidad en las ciudades de Turquía central. Él rehusó rotundamente tomar con ellos a Juan Marcos. Lucas nos dice: *"Se produjo entre ellos un conflicto tan serio que acabaron por separarse. Bernabé se llevó a Marcos y se embarcó rumbo a Chipre, mientras que Pablo escogió a Silas. Después de que los hermanos lo encomendaron a la gracia del Señor, Pablo partió y viajó por Siria y Cilicia, consolidando a las iglesias"* (Hechos 15:39-41).

Quería dar el trasfondo de este desacuerdo porque tenemos que entender que Pablo estuvo dispuesto a perder a Bernabé, el hombre que le había ayudado cuando nadie más creía en él, el hombre que había sido su fiable colaborador en su primera gran aventura evangelística, el hombre que había compartido las bendiciones y dificultades de servir a Jesús. Bernabé tuvo paciencia y gracia con su primo, un joven que había fallado. Creía en darle una segunda oportunidad. Pablo no. Los dos hombres se separaron y no volvemos a oír de nuevo acerca de Bernabé.

Sin embargo, este no es el final de la historia. Años después, tras más viajes agotadores para llevar el evangelio a los lugares más lejanos del imperio, Pablo fue arrestado dos veces. Durante su segundo arresto, poco antes de ser decapitado, Pablo escribió su última carta. En la hedionda prisión en Roma, la carta de Pablo a Timoteo es a la vez valiente y desesperada. Cerca del final, hace algunas peticiones personales: *"Haz todo lo posible por venir a verme cuanto antes, pues Demas, por amor a este mundo, me ha abandonado y se ha ido a Tesalónica. Crescente se ha ido a Galacia y Tito a Dalmacia. Solo Lucas está conmigo. Recoge a Marcos y tráelo contigo, porque me es de ayuda en mi ministerio"* (2 Timoteo 4:9-11). De este corto pasaje recibimos la sensación de que Pablo valora mucho la lealtad: a Jesús, la misión y a Pablo mismo. Algunos, como Demas, han salido corriendo y han dejado la misión (como había hecho Juan Marcos años atrás), pero vemos una petición sorprendente: busca a Marcos, y tráemelo *"porque me es de ayuda en mi ministerio"*. Esto, creo yo, dice mucho más sobre el cambio de opinión de Pablo acerca de Juan Marcos, que de la opinión de Juan Marcos acerca de Pablo.

Me puedo imaginar que este cambio no sucedió rápidamente en Pablo, pero sucedió. De forma similar, nuestras opiniones de otros puede que no cambien rápidamente, pero el cambio *es* posible.

EL PODER DE LAS OPINIONES

Nuestra visión de una persona, y nuestra verbalización de esa visión, tienen un poder increíble para moldear las vidas de las personas que nos rodean. Como líderes empresariales, pastores, padres o amigos, jugamos un papel importante en su futuro. Nuestras opiniones tienen la capacidad de:

- *Promover*: hacer que las personas asciendan, afirmar sus talentos y confirmar su dirección.
- *Degradar*: hacer que las personas desciendan a un papel distinto donde puedan desarrollarse.

- *Estancar*: darles la confianza de quedarse donde están porque están en el papel que mejor les va.
- *Terminar*: cuando han fallado los intentos por encontrar el lugar adecuado y proveer los recursos necesarios, es tiempo de liberarlos.

No des por hecho tu impacto sobre otros. Quizá no tengas una posición elevada o un título impresionante, pero todos podemos marcar una diferencia.

No des por hecho tu impacto sobre otros. Quizá no tengas una posición elevada o un título impresionante, pero todos podemos marcar una diferencia. Estudia tus patrones de pensamiento, analiza tus observaciones, y forma una opinión de la precisión de tus opiniones. Cuando entiendas el poder de tus opiniones, las usarás como el bisturí de un cirujano para sanar, como la confianza de un entrenador para inspirar y como el mapa de un capitán para guiar.

En la Parte Uno vimos la importancia de afilar nuestras habilidades de observación. En esta sección hemos explorado el poder de las opiniones. Ahora, examinaremos las formas en que podemos abrir puertas de oportunidad para las personas.

Piensa en esto:

- ¿Cómo respondes a las personas del tipo "sí, pero"? ¿Eres tú uno de ellos? Explica tu respuesta.
- ¿Cómo aparece el principio de "nos gusta lo semejante" en tus relaciones?
- ¿Cuáles son algunas formas concretas en las que el poder de tus opiniones puede ser más positivo?

Si tus acciones inspiran a otros a soñar más, aprender más, hacer más y convertirse en más, eres un líder.

—John Quincy Adams,
sexto presidente de los Estados Unidos

PARTE TRES
OPORTUNIDADES

5

LAS PERSONAS QUE ESTÁN EN NUESTRAS PUERTAS

Nos han dado oportunidades

Hace varios años estuve frente a los líderes de la Iglesia Inspire, en Honolulu, Hawái, dirigida por los pastores Mike y Lisa Kai. La iglesia fue plantada en 2001 y desde entonces ha crecido hasta contar con cuatro campus, con miles de asistentes. Fue un honor que me pidiesen hablar allí. ¿Cómo ocurrió? ¿Cómo tuve esta oportunidad?

Yo también había sido pastor, pero era una iglesia de un pequeño pueblo. Nuestro mayor número de asistentes un domingo era de ciento cincuenta personas (y eso solo ocurrió porque ese día servimos comida gratis). La mayor parte del tiempo se presentaban unas cien personas.

¡Definitivamente mi experiencia pastoral no me dio una plataforma para hablar en una de las mejores y más grandes iglesias del mundo!

Meses antes de que yo hablara en la Iglesia Inspire tuvo lugar una conversación casual. El pastor Benny Pérez, que es el pastor principal de Church LV en Las Vegas, Nevada, una iglesia localizada en múltiples sedes y que sirve a miles de personas, iba en un auto con el pastor Mike dirigiéndose del aeropuerto de Honolulu a la Iglesia Inspire. Yo ya había tenido alguna reunión de consejería con el pastor Benny, y parece ser que mi aportación fue lo suficientemente valiosa para él como para preguntarle al pastor Mike: "¿Conoces a Sam Chand?".

El pastor Mike no me conocía en ese momento, así que negó con la cabeza. El pastor Benny le explicó cómo me conoció, me contactó y me invitó a que tuviese una reunión de consejería con él. Después explicó cómo mi aportación fue beneficiosa.

En ese momento, el pastor Mike formuló una opinión sobre mí basada en la afirmación del pastor Benny. El pastor Mike me llamó y me pidió que volara a Hawái para hacer consejería con él. Mi oportunidad de tener un impacto en su iglesia, en él, en su rol como pastor, con su personal y con todos los líderes de su iglesia, llegó porque el pastor Benny compartió sus observaciones y opiniones sobre mí, y la confianza en su relación le dio al pastor Mike la seguridad de llamarme y pedir mi ayuda.

Así es como se produce el noventa por ciento de mis oportunidades. Se trata de establecer relaciones basadas en la confianza y el respeto, y en personas que se benefician al hablar de ello con sus amigos. Muchos de ellos me llaman y me piden que les ayude de la misma manera en que he ayudado a la persona que me ha recomendado.

LAS OPORTUNIDADES NO SON GARANTÍAS

Cada oportunidad es el producto de observaciones y opiniones que abrieron puertas de posibilidades. Aun así, las oportunidades son exactamente eso; no son garantías. A menudo, las cosas funcionan mucho mejor de lo que podríamos haber soñado, pero ocasionalmente fracasan. Es mi responsabilidad cultivar la oportunidad y sacarle partido. Para mí, eso significa que escucho mucho más de lo que hablo. A lo largo de los años he aprendido a hacer muchas preguntas para poder tener muchos puntos de información. Cada uno es una observación, y juntos me ayudan a formar opiniones sobre lo que el líder realmente necesita (que a menudo es diferente de lo que se dijo por teléfono en la conversación inicial).

A menudo, las cosas funcionan mucho mejor de lo que podríamos haber soñado, pero ocasionalmente fracasan.

Las noticias están llenas de reportajes sórdidos sobre líderes de iglesias o negocios que han malgastado sus oportunidades. Tanto líderes reconocidos como desconocidos han sido identificados en incidentes de adulterio, e incluso abuso sexual de menores y miembros de su propio equipo. La mala administración financiera es otra de las maneras en las que los líderes están perdiendo su oportunidad de tener un impacto positivo en sus comunidades. A otros líderes les han dejado ir porque llegaron a la conclusión de que eran emperadores en lugar de pastores.

Todas estas personas fueron *observadas,* aunque trataron de mantener sus comportamientos en secreto durante mucho tiempo y casi siempre lo negaban cuando alguien les llamaba la atención por ellos. Las personas formaron nuevas *opiniones* acerca de ellos, normalmente con dificultad porque al principio no podían creer las acusaciones. Finalmente, la maravillosa *oportunidad* que disfrutaban dejó de existir.

¿Es posible para estos líderes volver a conseguir una buena opinión? Por supuesto, pero no es fácil. El camino de regreso a menudo es largo y difícil; muchos no tienen la valentía de tomarlo. Estos líderes no han perdido su inteligencia, sus habilidades de organización o su habilidad para comunicarse, pero sí han perdido su oportunidad de liderar porque alguien observó un fallo que habían intentado ocultar.

Todos nosotros necesitamos encontrar a alguien en quien confiar antes de que avancemos demasiado en la dirección equivocada. Si no, aprendemos a vivir con secretos, y antes de que nos demos cuenta, nuestras mentiras cobran vida propia. Tenemos que ser brutalmente honestos acerca de nuestros mayores temores y nuestros intentos de cambiar nuestra imagen para que las personas no nos vean sudar.

TEMORES COMUNES ENTRE LOS LÍDERES

Algunos de los temores más comunes entre los líderes incluyen:

Temor a la crítica

Queremos que nos vean como exitosos, competentes y sabios. Quizá queramos proyectar robustez, pero muchos de nosotros tenemos pieles muy finas y somos profundamente heridos por la crítica.

La solución no es responder de mala manera a aquellos que tienen algo negativo que decir sobre nosotros. Una estrategia mejor es aceptar el miedo y pedir retroalimentación constantemente a nuestros equipos y amigos en los que confiemos que no sean parte de la organización, incluyendo *coaches* y consultores. Aprenderemos mucho, desarmaremos a aquellos que dicen que no podremos con ello, y crearemos un entorno más abierto y vibrante.

Temor a estar equivocado

Una cosa es ser criticado en privado (a menudo podemos desviarlo, culpar a otros, o negar que ocurrió), pero es totalmente diferente cuando nuestro error es revelado en público. Muchos de nosotros nos apoyamos en tener siempre la razón, tener siempre la respuesta, y siempre ser respetado como la persona más inteligente de la sala.

Tenemos dos opciones cuando cometemos un error: podemos ver nuestra equivocación como una catástrofe, o podemos verla como una parte normal del crecimiento y el aprendizaje. Lo primero produce una autoprotección feroz; lo otro derriba muros e invita a las personas a ser parte de la solución.

Temor a no ser suficiente

Nunca se lo diríamos a nadie, a lo mejor ni siquiera a nuestro cónyuge, pero de vez en cuando muchos de nosotros consideramos otras opciones profesionales. Esto puede ser un deseo normal y temporal de querer escapar del esfuerzo de liderar personas, pero puede convertirse en una obsesión. Podemos pasar incontables horas soñando sobre escapar de nuestros roles actuales y encontrar algo con más sentido... o al menos algo más fácil.

Temor a ser considerado un fraude

Muchos líderes creen que la única manera de marcar el ritmo de sus organizaciones es ser incansablemente positivo, incluso cuando se sienten profundamente desanimados. Esta doble vida se perpetúa por sí sola, porque las personas se asustarían si los líderes se quitaran por un momento la máscara y confesaran sus preocupaciones y dudas. Estos líderes simplemente no pueden contemplar que eso les pase.

Temor a agotarse

Los líderes pueden dar, servir, y sacrificarse hasta que no les queda nada en el tanque. Trabajan duro para mantener a sus equipos y a todos en la organización muy motivados, pero pueden sentirse absolutamente vacíos.

Temor a tomar decisiones difíciles

La carga del liderazgo es pesada, especialmente cuando las cosas no van como las habíamos planeado. Nos gustaría esquivar la presión y encontrar una bonita y calmada playa en el Caribe, pero tenemos que seguir arando hacia delante, enfrentando cada decisión con tanta valentía como podamos.

En un artículo de la revista *Forbes,* Brent Gleeson, un antiguo Navy SEAL, veterano de combate y emprendedor, anima a los líderes a enfocarse en su equipo como un recurso, en lugar de permitir que sus temores les abrumen.

> Hay un refrán que dice: a mucho poder, mayor responsabilidad. No eres solamente responsable de clientes y accionistas. Tu primera prioridad es tu equipo. Si lo pones en primer lugar, el resto se resolverá por sí solo. Ser responsable del sustento de una persona puede ser una carga estresante. Como líder, tu rol es definir la misión, proveer recursos y quitar obstáculos. Abraza el hecho de que tienes un equipo al que liderar. Es un buen problema para tener. Asumiendo que tienes a las personas correctas haciendo las cosas correctas, recuerda que pueden ser tu mejor recurso para obtener información importante. Mantenlos en ese círculo, y pídeles que hagan lo mismo contigo. Trabajar juntos como equipo aliviará esa carga de responsabilidad.[23]

23. "Conquering the Common Fears of Leadership", Brent Gleeson, *Forbes,* 5 de mayo de 2014, https://www.forbes.com/sites/brentgleeson/2014/05/05/conquering-the-common-fears-of-leadership/#6d0d2e6c673c.

LO QUE NECESITAN LOS LÍDERES

Para manejar los temores y presiones del liderazgo necesitamos a un amigo, un *coach*, o un consejero que nos diga la verdad, tanto la verdad que duele como la verdad que anima. Y tenemos que ser apropiadamente vulnerables con las personas a las que lideramos.

Para manejar los temores y presiones del liderazgo necesitamos a un amigo, un coach, o un consejero que nos diga la verdad, tanto la verdad que duele como la verdad que anima.

Por supuesto, esto no significa que tengamos que compartir *todo con todos* siempre. Eso sería imprudente. Pero tenemos que darle al menos a una persona el permiso de hacernos cualquier pregunta y tenemos que contestarla sinceramente. No necesitamos cien personas así, pero al menos una es imprescindible (y preferiblemente varias).

La necesidad de ser auténticos no está limitada a líderes organizativos. En cada relación importante (matrimonio, paternidad, con compañeros de trabajo, con amigos), las personas nos están observando y están formulando opiniones sobre nosotros, ascendiéndonos a nuevas oportunidades o rebajándonos al esquivarnos, hablando de nosotros a nuestras espaldas. Esto nos hace estancamos en una relación sin salida, sin gozo y creatividad, y a veces la conexión se corta y la relación se termina.

No es tan complicado

Todo el mundo quiere oportunidades mejores y más grandes: un trabajo mejor, más dinero, un propósito mayor, una salud más robusta y una familia más feliz. A través de los años he hablado con muchas personas que se quejaban porque no les habían dado oportunidades suficientes (o suficientemente grandes). A menudo señalan factores que creen que les han retenido, como la falta de educación académica, limitaciones económicas, trasfondo familiar, etnia, prejuicio, y una reputación más que mala basada en la crítica de un anterior jefe. No dudo de que esas cosas sean obstáculos, pero no tienen que ser barreras impenetrables que eliminan oportunidades.

En realidad, la única barrera verdadera es la manera de pensar que dice: "Mi condición es injusta, permanente o severa". En efecto, puede que sea injusta, pero no tiene que ser permanente o severa. Con valentía, creatividad y tenacidad, aún podemos atravesar las puertas de la oportunidad.

¿Cómo? Las oportunidades llegan cuando las personas observan que somos dignos de confianza y competentes, formulan una opinión acerca de que pueden confiar en nosotros, y solamente entonces nos abrirán una puerta. Muchas personas esperan que la puerta se abra sin hacer el duro trabajo de cambiar las observaciones y opiniones de las personas.

Muchas personas esperan que la puerta se abra sin hacer el duro trabajo de cambiar las observaciones y opiniones de las personas.

No es difícil conseguir la conexión. Si quiero comprar un auto nuevo, pero el saldo de mi tarjeta es bajo, el banco lo observará y formulará la opinión de que no pueden confiarme el dinero que necesito para comprar el auto. Puedo culpar al prestamista todo lo que quiera, pero el enojo no cambia la situación. La solución es que yo trabaje duro para pagar las cuentas a tiempo y poder ahorrar suficiente dinero para hacer el pago inicial. También puedo obtener préstamos más pequeños y crear un historial de las veces que les devuelvo el dinero a tiempo. Gradualmente, mi capacidad crediticia aumentará, y cuando sea lo suficientemente elevada, podré volver al banco. Esta vez, el empleado del banco observará mi estado financiero, formulará una nueva opinión de que soy digno de un préstamo, y me dará la oportunidad de comprar el auto.

Déjame llevar nuestra responsabilidad un paso más allá. Si quiero empezar un negocio y necesito tomar prestado mucho dinero, iré a varios bancos tres años antes de la fecha en la que pienso lanzar la empresa, y les contaré mis planes. Los prestamistas me explicarán lo que requieren y lo que pueden proveerme. Cada año antes de necesitar el dinero, volveré a ir y hablaré con los tres prestamistas. En cada visita llevaré una auditoría de mi plan empresarial y mi hoja de balances, para que los prestamistas y yo tengamos todo claro. Estoy cumpliendo la parte de la diligencia que me corresponde, y estoy invitando al banco a que cumpla la suya, mucho antes de que necesite el préstamo. Cuando finalmente esté listo para pedir un préstamo, estaré seguro de que he alcanzado sus requisitos, y puedo escoger qué banco me parece mejor. Desde el principio de este proceso de tres años, la inherente pregunta que he hecho ha sido: ¿qué tiene que observar el prestamista para que me otorgue el préstamo cuando lo necesite?

Si espero hasta el último mes antes del lanzamiento de la empresa, no tendré una relación sólida con el prestamista; intentaría adivinar cuáles son los requisitos del banco, y probablemente no me darían el préstamo. Puedo afirmar que el prestamista está siendo injusto, pero será mi culpa por no cultivar la relación en la que él podría observarme con el paso del tiempo y formular una opinión positiva de mi disposición de cumplir sus requisitos. Esa es la razón por la que no me dieron el préstamo.

Solo estamos atascados si creemos que estamos atascados. Si estamos convencidos de que tenemos el poder en nuestras manos de cambiar las opiniones de los demás, la puerta de la oportunidad finalmente se abrirá. Debemos recordar que la cámara siempre está encendida, y que siempre está dirigida hacia nosotros. ¿Qué ven las personas? Si nos ven quejándonos y culpando a otros por nuestra situación, tienen todo el derecho de pensar si realmente pueden confiar en nosotros. Pero todas las grandes historias son sobre héroes que superan situaciones difíciles. Las dificultades son tierra fértil para que un héroe muestre valentía y determinación. La pregunta que las personas siempre se hacen sobre nosotros es: ¿es esta persona un héroe valiente, o es una víctima que culpa a otros por sus problemas? Están observando. ¿Qué es lo que ven?

La única parte de la ecuación que podemos controlar son las observaciones que las personas hacen sobre nosotros.

Las observaciones llevan a opiniones, y las opiniones llevan a las oportunidades... o no. La única parte de la ecuación que podemos controlar son las observaciones que las personas hacen sobre nosotros. Podemos presentarnos como personas diligentes y honorables, pero no podemos controlar las opiniones que los demás sacan de sus observaciones, y definitivamente no podemos controlar su disposición a abrirnos puertas. Esto significa que nuestro enfoque tiene que estar fijado en pulir lo que observan. Si sus observaciones no son positivas, sus opiniones estarán ensombrecidas y no nos darán oportunidades. Pero si observan rasgos admirables, formularán la opinión de que somos dignos de confianza y nos darán oportunidades de demostrar que sí valemos.

Tuve que trabajar duro para cultivar observaciones positivas con los padres de Brenda cuando comenzamos a salir. Nunca habían tenido una relación significativa con otro extranjero. Yo no aportaba un brillante trasfondo a la mesa, que digamos. No era ciudadano de los Estado Unidos y no tenía muy buenas probabilidades de conseguir trabajo. No tenía una casa; ni siquiera un apartamento. ¡Sus padres estaban un poco más que preocupados en cuanto a confiarme a su querida hija!

Solo tenía dos cosas a mi favor: tenía un auto, y una iglesia en Oregón me había ofrecido trabajo como pastor de jóvenes. El pastor me dijo: "No podemos pagarte, pero te proporcionaremos un apartamento". ¡Era un gran paso para mí!

Sabía que debía recorrer un gran camino para convencer a los padres de Brenda y que me diesen su bendición. Cuando descubrí que su padre iba a colocar una nueva fachada en su casa, me presenté a echar una mano. No importaba lo duro que fuese, él no iba a escuchar una queja por mi parte. Trabajamos largas horas durante dos semanas para instalar la fachada. Creo que fue la mejor manera de conectar con él y empezar a demostrarle que yo era digno de confianza.

Antes y después de que Brenda y yo nos casáramos, jamás les pedí dinero a sus padres. Gradualmente, concluyeron que yo era un joven trabajador, respetuoso y digno de confianza que amaba genuinamente a su hija. No tenían esperanzas de que hiciese todo a lo grande y que pudiese comprarle las mejores cosas a Brenda, pero confiaron en que ganaría suficiente dinero como para subsistir.

Dar una buena primera impresión

No importa si estás conociendo a tus futuros suegros, a un nuevo amigo, a un vecino o a alguien de recursos humanos, es importante que des una buena primera impresión. Aquí tienes cuatro consejos para recordar:

Sé tú mismo

No intentes impresionar a la persona. En lugar de eso, haz que tu objetivo sea tener una primera conexión significativa. ¡Esta distinción es importante! Si intentas impresionar a alguien, probablemente te tomarán como un charlatán, un farsante. Las personas se dan cuenta de cuándo estás fingiendo, y aprecian conocer a alguien que es genuino.

Relájate

Lo primero que las personas notan, antes de que ni siquiera digas nada, es tu expresión corporal. Tu expresión proclama a gritos tu mensaje subyacente, especialmente si es muy diferente a lo que estás diciendo. Por ejemplo, si dices: "es un placer conocerte", pero estás tenso, levantas las cejas o no mantienes contacto visual, estás comunicando: "¡en realidad *no* es un placer conocerte!".

Para una ocasión importante, como una entrevista de trabajo o una reunión de ventas con un cliente potencial, vigila el tono y el volumen de tu voz. Si entras demasiado fuerte, te percibirán como una persona impulsiva. Si eres demasiado callado, te percibirán como alguien muy poco seguro de ti mismo y de tu mensaje.

Es buena idea practicar esto delante de un espejo. Levántate, muévete hacia el espejo como si fueses a conocer a alguien, estrecha tu mano y di: "Hola, soy Sam" o como te llames (¡no le digas a las personas que tú eres yo!), "es un placer conocerte". ¿Sonreíste? ¿Mantenías una buena postura corporal? ¿Estabas demasiado relajado? ¿Te gustaría conocerte a ti mismo?

Interésate en la otra persona

Damos la mejor primera impresión cuando quitamos el enfoque de nosotros y mostramos interés genuino en la otra persona. Un simple "cuéntame un poco más de ti" es una gran manera de empezar una conversación. Haz más preguntas de las que contestes, y haz preguntas relacionadas con la conversación para averiguar más. Todos quieren ser percibidos como expertos, y sobre lo que más expertos somos es nuestra propia vida. Cuando hacemos que la otra persona sea el centro de atención, estamos diciendo: "Eres importante para mí".

¿Por qué hablamos tanto cuando conocemos a otras personas? Puede haber muchas razones, incluyendo el hecho de que queremos impresionarles con lo que sabemos, nos sentimos inseguros, llenamos los espacios con nuestras palabras para evitar silencios incómodos, y puede que simplemente seamos egocéntricos y que no nos importen demasiado los demás.

Si estás en una entrevista de trabajo, no es apropiado preguntar a la persona de recursos humanos sobre su vida, pero es perfectamente apropiado preguntarle sobre la cultura, historia, metas y valores de la compañía. Estas preguntas muestran que entiendes la importancia de lo que aportan, y que no todo se trata de ti.

Ten gracia

Por supuesto que puedes compartir tus opiniones, pero evita ser demandante o dogmático. Hoy en día las personas tienen conceptos muy polarizados de la política, y esto se traduce en puntos de vista extremistas sobre prácticamente todo. Es totalmente correcto no estar de acuerdo, pero no lo es sacar la espada, o peor aún, ¡sangre! Puedes esperar a otro día para hablar de tus discrepancias. La primera conversación debería abrir puertas, no cerrarlas. Cuando las personas se alejan de ti, quieres que piensen: *Me encanta esa persona y quiero charlar* más.

Es importante construir puentes entre los dos. En un artículo en *Inc.*, Dan Veltri, cofundador y director de productos de Weebly, dice:

> He descubierto que la clave de una primera impresión duradera es comentar un tema que te importe tanto a ti como a la otra persona, hacer preguntas perspicaces para entender mejor su punto de vista, y después dar una nueva perspectiva a su manera

de pensar basada en tus propias experiencias. Esto no solo le demuestra a la persona que le escuchas, sino que también le da valor duradero. En algún momento, si necesitas algo de esa persona, no solo te recordará, sino que también estará feliz de poder ayudarte.[24]

LAS OPORTUNIDADES NOS AYUDAN A CONSEGUIR NUESTROS OBJETIVOS

Cuando tenemos un objetivo o una meta, buscamos oportunidades para alcanzarla. Por supuesto que podemos tener metas individuales que no dependen de otros, pero la gran mayoría de lo que hace que la vida tenga sentido se consigue a través de las relaciones. Por lo tanto, dar una buena impresión a las personas es esencial.

- Si una persona quiere la oportunidad de trabajar en una empresa, ¿qué quiere que la persona de recursos humanos observe de ella?
- Si un pastor o líder de una iglesia quiere que los visitantes tengan la oportunidad de convertirse en participantes y

24. "12 Tips on How to Make a Great First Impression, According to Executives", Christina DesMarais, *Inc.*, 19 de febrero de 2017, https://www.inc.com/christina-desmarais/12-tips-on-how-to-make-a-great-first-impression-according-to-executives.html.

miembros, ¿qué tienen que observar las personas nuevas sobre la iglesia y su gente?

- Si un joven quiere la oportunidad de llevar a una señorita a una cita, ¿qué debe ella observar de él?
- Si una compañía quiere la oportunidad de ampliar su base de clientes y vender más productos, ¿qué tienen que observar los clientes potenciales acerca de los productos?
- Si un joven quiere la oportunidad de jugar en un equipo deportivo, ¿qué habilidades debe observar el entrenador?

Podríamos hacer una lista interminable de conexiones entre observaciones que conducen a opiniones y después a oportunidades. Toda la publicidad está diseñada para elaborar observaciones que resulten en buenas opiniones y oportunidades de compra. Todas las interacciones con las personas están llenas de posibilidades de presentarnos de manera que vean algo bueno, noble y deseable, y que después tomen la oportunidad para llegar a conocernos mejor.

NADA QUE PODAMOS HACER...

No te sorprendas cuando algunas personas no estén tan emocionadas con tus oportunidades como tú. Mi tiempo como presidente de la universidad fue muy productivo y satisfactorio. Vimos cómo la población de estudiantes creció casi un mil por ciento, conseguimos acreditaciones, y la universidad estaba financieramente firme. Había contratado a algunas personas excelentes para que sirvieran como vicepresidentes, les di responsabilidades importantes y me hicieron la vida más fácil. Personalmente, disfrutaba mucho de mi papel y estaba ganando una cantidad económica con la que solo había soñado hacía tan solo unos años atrás cuando cocinaba desayunos y limpiaba pisos. En muchos aspectos, el pobre joven de India al que le costaba comunicarse, había *llegado*.

Entonces, en 2003, dimití.

Incluso cuando la universidad prosperaba mientras yo era presidente, un sentimiento divino de descontento creció en mí. Sentí que había algo más que podía hacer con mi vida... algo diferente... algo más. Cuando anuncié que iba a dimitir, ¡muchas personas pensaron que me había vuelto loco! Estoy seguro de que muchos de ellos se preguntaron si estaba pasando por la crisis de la mediana edad.

Tenían todos los motivos para preguntárselo. A esas alturas en mi tiempo como presidente me había ganado el respeto de nuestro profesorado, y me pedían que hablara en una gran variedad de eventos. Yo servía como un consejero no oficial para líderes de muchas organizaciones. Si abandonaba mi posición como presidente de la universidad, abandonaría un respetado puesto, la seguridad de una red de personas en las que confiaba y que confiaban en mí, y la seguridad de recibir un sueldo regularmente.

Al principio, comencé con un rol de consultoría a media jornada, y lo disfruté tanto que me di cuenta de que eso era para lo que estaba hecho. Pero para hacerlo dando el máximo, tenía que abandonar la seguridad de mi rol en la universidad y adentrarme en el mundo desconocido de convertirme en un consejero a tiempo completo, con clientes inexistentes y sin red de seguridad. Por eso la gente pensó que estaba loco.

Al mirar atrás, me doy cuenta de que fue una de las mejores decisiones de mi vida.

LAS MANOS EN EL MANILLAR

He tenido, y sigo teniendo, oportunidades que me dejan pasmado. Cuando era un estudiante pobre de universidad, los administradores me dieron la oportunidad de ganarme la vida trabajando antes y después de mis clases. Los padres de Brenda quizá tomaron el riesgo más grande al dejar que su hija se casara con un hombre de India con muy pocos recursos. Entonces, algunos pastores valientes me pidieron que predicara en seminarios de una semana de duración. A menudo había menos de una decena de personas en las congregaciones, pero fueron experiencias maravillosas. Los pastores me dieron de comer, me dieron una cama donde dormir, y al final de la semana me pagaban cien dólares o menos, que apenas era suficiente dinero para pagar la gasolina para llegar al siguiente seminario. Cuando un pastor me llamaba y me preguntaba si podía predicar en su iglesia durante una semana completa, instantáneamente respondía: "¡Sí!". No tenía que mirar mi agenda. Cuando las personas me decían: "Me alegro de que esté aquí, Sam" yo les quería responder: "¡Sí, estoy feliz de estar donde sea!".

Una pequeña iglesia en Michigan abrió sus puertas para invitarme a ser su pastor, y una universidad me eligió para ser su presidente. John Maxwell creyó en mí y fue a verme porque dos hombres le habían hablado bien de mí. Aprecio a aquellos que me invitaron a hablar en sus eventos, incluso teniendo mi acento indio.

Una y otra vez, las personas han tomado riesgos para darme oportunidades. Líderes de iglesias y de empresas me han abierto sus puertas y me han invitado a hablar a sus vidas y ayudarles a moldear el futuro de sus organizaciones. Mis publicadores han creído que mis manuscritos eran dignos de sus inversiones. Me han pedido servir en numerosos consejos de dirección y hacer consultorías con los líderes de múltiples denominaciones. Hoy, las personas me piden mis tarifas, me compran billetes de avión en clase "ejecutiva" y me alojan en los mejores hoteles para que esté cómodo antes y después de hablar a sus grupos. Pero estos increíbles momentos ocurren únicamente porque literalmente cientos de personas observaron algo positivo en mí, formularon una buena opinión y me dieron oportunidades para hablar, enseñar, aconsejar y servir.

Estos ejemplos son solamente de unas pocas de las personas que han estado dispuestas a abrirme la puerta de la oportunidad. Siempre estaré agradecido con ellas.

Piensa en esto:

- ¿Por qué es importante darse cuenta de que la única parte de la ecuación que podemos controlar es lo que otros observan de nosotros?
- ¿Estás de acuerdo o en desacuerdo con esta afirmación: "Todos quieren oportunidades"? Explica tu respuesta.
- Haz un rápido escaneo mental de tu vida. ¿Quiénes son las personas que han tomado riesgos para darte oportunidades?

> Normalmente tomo una decisión sobre un hombre en diez segundos, y rara vez la cambio.
>
> —Margaret Thatcher, exprimera ministra de Gran Bretaña

6

NUESTRAS MANOS EN SUS PUERTAS

Proporcionar oportunidades para las personas que te rodean

Ya te he contado la historia de cómo la universidad me dio un par de empleos cuando yo no tenía un permiso de trabajo. Y he explicado que el presidente de la universidad habló palabras de visión y esperanza a mi vida cuando dijo que creía que tendría éxito en cualquier cosa que intentase hacer. Esas puertas se abrieron cuando yo tenía muy poco que ofrecer a los demás. Años más tarde, *yo* me convertí en el presidente. Cuando sentí que era tiempo de dejarlo, experimentamos una hermosa ironía: mi sucesor a la presidencia también había empezado su tiempo allí como conserje.

Cuando me convertí en presidente, Benson Karanja era el conserje. Su optimismo, humildad, dedicación e inteligencia me impresionaron en cada interacción que tuve con él. Lo ascendí de conserje a asistente de biblioteca, a jefe de biblioteca, a contable como uno de nuestros administradores, a profesor, a jefe de estudios, a vicepresidente, a vicepresidente ejecutivo y finalmente a presidente de la universidad. Durante estas etapas, estudió mucho y obtuvo varias licenciaturas.

A través de este increíble viaje, Benson estaba ansioso por asumir más responsabilidad, pero siempre hacía preguntas profundas sobre un nuevo rol antes de aceptarlo. En incontables reuniones, cuando le pedía información, a menudo me decía: "Dr. Chand, investigaré sobre esto y tendré un informe para usted en nuestra siguiente reunión". Su actitud de gracia les convenció a todos de que no estaba buscando activamente subir el siguiente peldaño de la escalera. En cada rol, servía alegre e incansablemente, afirmando y animando a otros a su alrededor. Mientras los demás lo observábamos, nos inspiró a servir alegre e incansablemente también. Nombrarlo presidente fue una de las decisiones más fáciles de mi carrera.

Desde el principio observé el poderoso impacto positivo que tenía Benson sobre otros. No tardé mucho en formular una opinión positiva de él; durante los años, esta opinión se fortaleció. Cada vez que podía, buscaba oportunidades para que él tuviera un impacto más amplio y profundo en el profesorado, el equipo y los estudiantes. Le abrí muchas puertas porque se ganó mi confianza.

Me encanta abrir puertas para las personas. Ahora mismo, por mi rol como consejero cultural de varias organizaciones, recibo más invitaciones de consultoría de las que puedo aceptar. En lugar de decir: "No, no puedo, lo siento", le digo a la persona: "No puedo, pero conozco a alguien que lo haría excelentemente". No puedo atravesar la puerta abierta, pero puedo darle la oportunidad a otro. Siempre explico mi visión de manera corta y simple: "Ayudar a los demás a tener éxito". Abrir puertas a otros es mi meta, mi corazón y mi privilegio. Es el motivo por el que me levanto cada mañana.

TODOS PODEMOS OFRECER OPORTUNIDADES

No tenemos que ser los líderes más importantes para dar oportunidades a los demás. Por supuesto, si una persona tiene una posición alta en una organización, va a tener acceso a un mayor rango de maneras de ascender a personas que han demostrado su capacidad. Pero todos nosotros (líderes, compañeros de trabajo, padres y amigos) tenemos el privilegio de dirigir a personas hacia algo más significativo. Me temo que demasiados de nosotros damos por hecho estas relaciones, así que no observamos demasiado a los demás.

Todos nosotros (líderes, compañeros de trabajo, padres y amigos) tenemos el privilegio de dirigir a personas hacia algo más significativo.

Si abrimos los ojos y observamos el carácter y los talentos de otra persona, podemos decírselo: "He visto cómo cuidas de esa persona y estoy muy impresionado con tu corazón", o "Se te da muy bien hacer..." y después, presentarle una visión del futuro: "Te veo haciendo... A lo mejor no pretendes ir en esa dirección, pero es algo que puedes considerar porque tienes lo que hace falta".

Te aseguro que pequeñas declaraciones como esas pueden marcar la diferencia, pero solo si son específicas y sinceras. En su libro *Influencia extraordinaria*, el psicólogo organizacional Tim Irwin diferencia entre dos mensajes opuestos: *palabras de muerte* y *palabras de vida*.[25]

Las palabras de muerte quebrantan la seguridad y confianza de una persona, usando a menudo la crítica para controlar el comportamiento de la persona. Estas palabras

25. Dr. Tim Irwing, *Extraordinary Influence: How Great Leaders Bring Out the Best in Others* (Hoboken, NJ: John Wiley & Sons, 2018).

no tienen que ser vulgares, fuertes ni obviamente abusivas. Pueden ser mensajes sutiles que dicen: "No eres suficiente". Actúan como lijas, gradualmente erosionando el sentimiento de valía de una persona, haciéndola que intente desesperadamente demostrar que sí vale. Por esta razón, es efectiva... en cierto modo. Esta estrategia de comunicación puede que consiga una mejora de rendimiento a corto plazo, pero crea pérdidas a largo plazo porque hace que el receptor se ponga a la defensiva y se enoje. En muchos casos, las palabras de muerte se transforman en culpa. El que está hablando no quiere tomar la responsabilidad de un problema, así que ensombrece a alguien (¡da igual quién!). Y normalmente es alguien que no quiere o no puede defenderse, alguien que hace el papel de chivo expiatorio.

Irwin afirma que las *palabras de vida* tienen poder restaurador. Un simple cumplido está bien, pero los mensajes que cambian vidas se centran en el carácter, no en algo superficial. Estas palabras, por supuesto, requieren que nos tomemos el tiempo de observar, considerar y meditar en lo que vemos para que nuestra opinión del presente y el futuro de la persona inspire el corazón.

En una entrevista para *Forbes*, Irwin dijo:

> La palabra afirmación se origina del latín *affirmationem*, que significa estabilizar, confirmar y

fortalecer. La forma más profunda de afirmación nos fortalece el núcleo: nuestro propio sentido del yo. Investigaciones del cerebro apoyan fuertemente los beneficios de la afirmación profunda. La afirmación ayuda a que las personas se sientan más optimistas y que trabajen más productivamente.[26]

Reafirmar la competencia de una persona es importante, pero podemos profundizar. Irwin explica:

> ¿Cuál es el hilo conductor en las palabras de vida? Estas poderosas palabras hablan de nuestro carácter; la pureza de nuestro yo interior. Las palabras de vida hablan sobre las dimensiones de nuestro núcleo y sobre el vocabulario de nuestro núcleo, como pueden ser integridad, valentía, resistencia, juicio y autenticidad. Estas palabras, cuando se expresan con sinceridad, pueden realmente transformar a alguien que lideramos.[27]

Fácilmente podemos ver que los líderes en las empresas y en la iglesia pueden decir este tipo de mensajes a otros,

---

26. "Performance Feedback: Reach the Heart Through the Brain", entrevista de Rodger Dean Duncan con el Dr. Timothy Irwin sobre su libro: *Extraordinary Influence, Forbes*, 2 de abril de 2018, https://www.forbes.com/sites/rodgerdeanduncan/2018/04/02/performance-feedback-reach-the-heart-through-the-brain/#7dd4712c5734.
27. Ibid.

pero tristemente, muy pocos lo hacen. Podemos estar tan absortos en nuestras propias metas y necesidades que ni siquiera nos damos cuenta de lo que ocurre en las personas que nos rodean, incluso en la vida de la persona que duerme a nuestro lado. Algunas personas tienen la posición de ser un visionario organizacional y tienen el privilegio de inspirar esperanza y valentía a todas las personas de la empresa, la iglesia o la organización sin fines de lucro. Pero todos tenemos el mismo privilegio de marcar un poderoso impacto en los corazones de las personas con las que convivimos cada día. Para hacer esto, necesitamos que alguien hable palabras de profunda afirmación a nuestras vidas, para que tengamos un pozo lleno del que sacar. Si estamos absortos en nosotros mismos, simplemente *usaremos* a las personas para hacernos sentir mejor, en lugar de *usar nuestra posición* para ayudarles a crecer y tener éxito.

Si estamos absortos en nosotros mismos, simplemente usaremos a las personas para hacernos sentir mejor, en lugar de usar nuestra posición para ayudarles a crecer y tener éxito.

EN EL MUNDO ORGANIZACIONAL

El mayor impacto que podemos tener en otros es a través de conexiones personales y auténticas. Sin embargo, incluso líderes narcisistas pueden proporcionar muchas oportunidades para las personas en sus organizaciones. Las personas que están más cercanas a ellos pueden sufrir que su líder siempre tenga que estar un escalón por encima de todos, pero más allá del equipo ejecutivo, el resto de personas en la organización pueden tener éxito si tienen gerentes de departamento y líderes de equipo que viven para ayudar a otros a tener éxito. Por ejemplo, en todos los sentidos, Steve Jobs era un jefe muy difícil, pero dio oportunidades increíbles a decenas de miles de personas en Apple.

Los líderes que no afirman e inspiran a quienes los rodean producen un nivel muy bajo de participación de las personas en sus equipos, lo cual lleva inevitablemente a niveles bajos de rendimiento y productividad. La tarea del líder no es distribuir manuales de instrucciones y mantener todo dentro del horario. La primera tarea de los líderes es inspirar *corazones*, después convencer *cabezas*, y únicamente después dirigir las *manos* de aquellos que realmente hacen el trabajo. Cuando Steve Jobs se paseaba por el escenario con su jersey de cuello vuelto y pantalones vaqueros, inspiraba a sus empleados con una visión fresca del futuro y explicaba cómo los nuevos productos iban a revolucionar las vidas de las personas. Cuando salían del auditorio, estaban ansiosos por llevar a cabo su rol en hacer que la revolución de la tecnología se hiciese realidad.

Las personas que trabajan con líderes inspiradores y en ambientes inspiradores, a menudo son motivadas a empezar sus propios negocios. Muchos de los ejecutivos de Apple, Facebook y Microsoft tuvieron experiencias que les dieron la confianza para irse y empezar empresas exitosas e innovadoras. En mi carrera, antes del 1 de enero de 2004, recibía un salario predecible. Las organizaciones me pagaban para que sirviera como conserje, pastor de jóvenes, pastor y presidente de universidad. Desde ese día, he tenido que tomar la responsabilidad de ganar dinero para mi familia y las personas que trabajan para mí, sin depender de ninguna organización. No podría haber logrado esto sin haber estado entre líderes inspiradores y los ambientes que creaban. Ellos me dieron la valentía para salir del cómodo ambiente de un salario predecible al incómodo ambiente de un salario impredecible.

Las preguntas que me hago cada día son:

- ¿Quién ha avanzado en el camino al éxito por mi intervención?
- ¿Quién tiene más confianza de probar algo nuevo?
- ¿A quién he ayudado a ver que tiene una nueva oportunidad?

La ley de la siembra y la cosecha se aplica aquí: cosechamos *lo que* sembramos, cosechamos *después* de sembrar y cosechamos *más de lo que* sembramos. Cuando sembramos oportunidades para otros, conseguiremos muchas oportunidades para nosotros mismos.

En un artículo para la Association for Talent Development (Asociación para el Desarrollo de Talento), Bill Treasurer cuenta una conversación con su hijo de edad preescolar, Ian. Un día, el niño llegó de la escuela emocionado, y dijo: "Papá, ¿adivina qué? ¡Hoy he sido el líder de la clase!".

Treasurer se preguntaba qué era exactamente lo que el líder de la clase hacía en preescolar. Dijo: "¿En serio? ¿El líder de la clase? Eso es genial, cariño. ¿Qué tenías que hacer como líder de la clase?".

Ian respondió: "¡Les he abierto las puertas a los demás!".

Treasurer reflexiona:

> En quince segundos, con ocho simples palabras, Ian aclaró lo que es más importante en el liderazgo: crear oportunidades para las personas a las que lideras. Los líderes simplemente son creadores de oportunidades para otros: abren puertas. Piensa, por ejemplo, en un líder al que admiras mucho. Elige a alguien que realmente te haya liderado, más que a alguien que sea reconocido. ¿Qué admiras de él o

ella? ¿Te dio alguna oportunidad donde pudieras enriquecer tus habilidades, como pedirte que lideraras un proyecto importante? ¿Te dio retroalimentación que causó que te vieras de una manera más honesta? ¿Valoró tu punto de vista, tus aportaciones e ideas? ¿Verdad que el líder al que admiras creó oportunidades para que te estiraras, para que crecieras y para que alcanzaras la excelencia?[28]

Culpa y mérito

Al interactuar con las personas a las que lideramos, ¿hacia dónde está dirigido el foco? Es natural que los líderes se lleven mucho mérito por el éxito (y una parte desproporcionada de culpa cuando las cosas no van bien), pero los mejores líderes se aseguran de compartir el foco de atención con otros.

Al interactuar con las personas a las que lideramos, ¿hacia dónde está dirigido el foco?

---

28 "Leaders Create Opportunity", Bill Treasurer, Association for Talent Development, 23 de abril de 2013, https://www.td.org/insights/leaders-create-opportunity.

De hecho, no hacerse responsable del fracaso y no reconocer las contribuciones de otros son dos de los fallos más serios del liderazgo. Cuando señalamos a otros en lugar de aceptar y tomar la responsabilidad, creamos resentimiento, pero cuando compartimos el gran peso del problema, nos ganamos el respeto de aquellos que están en nuestro equipo.

Hoy, culpar a otros se ha convertido en el deporte nacional. En cada aspecto de la vida, somos rápidos en señalar a otros como la causa de nuestros errores. En *A Nation of Victims: The Decay of the American Character* (Una nación de víctimas: La decadencia del carácter americano), Charles Sykes dice que las personas ahora demandan al otro más que nunca. Usamos los juzgados para vengarnos y conseguir lo que queremos, pero el problema es mucho más hondo que los litigios. Sykes describe el afianzamiento de creer que hemos sido victimizados:

> Creerse la víctima es el desencadenante que permite la liberación de una respuesta emocional y mojigata a cualquier desprecio percibido. Demandas de racismo y sexismo siguen siendo las armas nucleares del debate, usadas para cerrar enfoques con matices sobre asuntos complejos. Creerse la víctima insiste en la superioridad moral y el absolutismo moral, y así tiende a poner un final abrupto a una conversación; la amenaza de su utilización es, por

> lo general, suficiente para impedir que otros ni tan siquiera consideren mencionar un tema controvertido. Irónicamente, este estilo de acoso lingüístico a menudo desfila bajo la bandera de la "sensibilidad".[29]

El libro de Sykes se publicó en 1993 y hemos ido cuesta abajo desde entonces. Las personas en los equipos en empresas e iglesias, raras veces se demandan entre sí, pero el espíritu de desviar la culpa es poderoso. Muy frecuentemente, los líderes reaccionan a los errores como si acabaran de presenciar algunas de las catástrofes narradas en Apocalipsis. En un artículo para *Inc.* titulado "Lo primero que los grandes líderes no hacen", Ron Gibori describe el problema con estos líderes y ofrece un remedio:

> Un error muy común es asumir que una vez que se ha cometido un error, o ha quedado revelado, ese es el final de la línea. El trabajo a menudo interfiere hasta que se para, mientras se expone la extensión del error, y se lleva a la justicia al chivo expiatorio. Se llama a todos a aportar una solución en secreto, lejos de los ojos críticos.
>
> Este desafortunado hábito que los líderes han asumido inculca un temor natural a los errores en

29. Charles J. Sykes, *A Nation of Victims: The Decay of the American Character* (New York: St. Martin's Press, 1993), p. 16.

> todos. No se debería temer a los errores, sino esperarlos y a menudo alentarlos. Se deberían usar como una oportunidad para enseñar a los miembros del equipo, nuevos empleados, interinos y directores.[30]

¿Cómo respondemos tú y yo a los errores de quienes nos rinden cuentas? ¿Los avergonzamos, evitamos el asunto, y nos aseguramos de que todos sepan que no fue culpa nuestra? ¿O tratamos el asunto con honestidad, pero lo enmarcamos como una oportunidad de crecimiento para la persona, para nosotros mismos y para nuestra organización? Culpar es un veneno que sabe bien en los labios, pero mata la motivación, arruina las relaciones y bloquea la creatividad.

Culpar es un veneno que sabe bien en los labios, pero mata la motivación, arruina las relaciones y bloquea la creatividad.

Enseña a las personas a buscar oportunidades

Uno de los mayores regalos que podemos dar a otros es la capacidad de ver oportunidades. En mis interacciones

30. "The 1 Thing Greater Leaders Don't Do", Ron Gibori, *Inc.*, 2 de octubre de 2017, https://www.inc.com/ron-gibori/great-leaders-take-blame-pass-along-credit.html.

con personas a todos los niveles de las organizaciones, he observado que muchas personas no ven las puertas que tienen justo delante de ellos. Podemos mostrarles la puerta de oportunidad, o podemos hacer algo mejor y desarrollarles para que observen puertas abiertas mucho después de que nosotros hayamos desaparecido.

Permíteme ofrecer estas sugerencias para los líderes que quieren ayudar a su gente a ver más oportunidades:

Enséñales a observar a otros que están avanzando

¿Qué tiene esa persona que parece tener más ventajas que otros? Suele ser que se ha convertido en un estudiante del éxito, preparándose para cada reunión, ayudando a otros a tener éxito, y a añadir valor a las personas de su equipo. Es fácil resentirse con las personas que son "escaladores de escaleras", pero puede que no tengan intenciones ocultas en absoluto, sino que tan solo vean oportunidades que otros no vieron. Podemos entrenar a personas para que observen las características de quienes están creciendo en sus habilidades y avanzando en sus carreras.

Enséñales a valorar y expresar sus contribuciones

La meta de escribir un buen currículum es presentarte como una persona competente. Esta meta no debería terminar el primer día de tu empleo. Las personas que aprovechan las oportunidades son, por lo general, aquellas que han dedicado tiempo a entender su contribución concreta al éxito del equipo y de la compañía. Esto no es narcisismo ni alardear; es simplemente ser consciente de su capacidad de aceptación.

Enséñales a pensar de forma amplia y específica

Soñar despierto es solo un mal hábito si nuestra gente lo usa para escaparse. Si sueñan despiertos con posibilidades, eso puede estimular opciones creativas, inspirar visión y proporcionar valor para dar un paso valiente hacia el futuro. Anima a las personas de tu equipo a soñar a lo grande. Sus conceptos iniciales quizá sean irreales, pero muchas de esas ideas que parecían irreales se han convertido en realidades porque alguien tuvo la tenacidad de afinarlas y actuar. Las grandes ideas, finalmente, necesitan planes detallados, pero ni demasiado pronto ni demasiado tarde. En su momento oportuno, ayuda a la persona a refinar las ideas en algo que pueda funcionar.

Enséñales la importancia de los pasos progresivos

Los pasos significativos en las oportunidades laborales suceden muy raras veces. Es mucho más frecuente que las personas escalen peldaño a peldaño. Gradualmente, las pequeñas ganancias se acumulan y las personas se dan cuenta de que están mucho más lejos de lo que habían imaginado. He conocido a algunas personas que esperaron hasta que llegara *la gran oportunidad*... nunca llegó. Se perdieron muchas oportunidades de avanzar en sus carreras.

Brenda entró en el mundo laboral cuando me convertí en presidente de la universidad. Ella se unió a una compañía en un nivel inferior y estaba deseosa de conseguir un ascenso. Era una empleada ejemplar. Después de terminar sus responsabilidades diarias, se ofrecía como voluntaria para ayudar a su jefe más inmediato, una persona que se sentía abrumada por el trabajo. Cuando se abrió una posición en el siguiente nivel, Brenda ya estaba familiarizada con las responsabilidades y bien preparada. Había sido intencional con respecto a ascender por la escalera. Sus supervisores se dieron cuenta, y se formaron una buena opinión de ella y de sus habilidades, y cuando se abrió la puerta, ella entró fácilmente. Como resultado de la reputación que se ganó como trabajadora agradable y tenaz, Brenda recibió varios ascensos más durante su estancia en la compañía. Consiguió su puesto final dando pasos progresivos.

Enséñales a hacerse indispensables

Cuando las personas tienen confianza en su capacidad para contribuir, buscan trabajos que encajen bien con su perfil. Cuando se propone una tarea que puede exhibir sus talentos, se ofrecen voluntarios. Cuando nadie más está dispuesto a servir en la oscuridad, ellos hablan y se ofrecen para asumir la responsabilidad. Descubrirán que su supervisor se da cuenta y queda impresionado con su corazón y sus habilidades.

Enséñales que a veces está bien saltar

Algunas personas son impulsivas y demasiado optimistas, mientras que otras están encadenadas por la *parálisis del análisis* y son demasiado pesimistas. Como líderes, podemos ayudar a nuestra gente a frenar, hacer su diligencia debida y tomar la decisión de quedarse o irse. Podemos enseñarles que no hay garantías, pero a veces, lo correcto es saltar. Cuando entran por la nueva puerta, la mayoría de las personas se sorprenden de al menos algún aspecto de su nueva función. Eso es totalmente normal, y es parte de la aventura de la vida.

Servir como una lanzadera

Por supuesto, algunos líderes no quieren enseñar a su gente a aprovechar las oportunidades. Las sustituciones en las organizaciones pueden ser perturbadoras, y los líderes inseguros preferirían mantener el *statu quo*.

Pero los mejores líderes se ven a sí mismos como lanzaderas para su gente, deseosos de propulsar su pasión por la eficacia, alegres de dar dirección y emocionados por impulsarlos a un nuevo destino. Estos líderes crean una cultura dinámica y comprometida, una que atrae a los más brillantes y a los mejores para ocupar los lugares de quienes se van.

Nuestra tarea es situar a las personas en la posición para tener éxito. Si ellos sobresalen, nosotros habremos sobresalido como líderes.

Las oportunidades correctas

Nuestra tarea es situar a las personas en la posición para tener éxito. Si ellos sobresalen, nosotros habremos sobresalido como líderes. Es imperativo que observemos con atención el potencial de cada persona y nos formemos opiniones precisas. Cuando ponemos a las personas adecuadas en los roles correctos, suceden cosas increíbles.

Más retención de talento

Si emparejamos los talentos, el corazón, la edad y la etapa de la vida con un trabajo, y proveemos los recursos suficientes, ellos amarán lo que hacen cuando lleguen a trabajar cada día. Uno de los mayores retos en las iglesias y empresas hoy, es mantener a su mejor gente. Sí, está bien ser una lanzadera para la carrera de alguien, pero también podemos lanzarlos a una trayectoria más alta en nuestras organizaciones. La pregunta que nos tenemos que hacer cuando las personas salen por la puerta es: ¿por qué? Cuando las personas se van porque se sienten inspiradas y preparadas, podemos celebrarlo, pero si el índice de salida de nuestros empleados es alto, puede ser una señal de una cultura poco saludable. En un artículo sobre sustitución de empleados, la página de recursos para RH. Newton explica:

> Para nuestras compañías, la meta es contratar tantos candidatos "perfectos" como podamos, fomentar un grupo de trabajo productivo y creativo, y que todos estén felices para que se queden el mayor tiempo posible. Las compañías con un índice alto de sustituciones por lo general tienen mal todos estos elementos y están sujetas a consecuencias perjudiciales, como descenso de la productividad, altos costos de contratación y una mala moral corporativa.

Un índice de sustitución saludable variará de compañía en compañía, pero esencialmente, un índice de sustitución se puede considerar "saludable" mientras la compañía pueda mantener tanto el crecimiento como la productividad anualmente. Para medir la salud de su compañía, compare su índice medio de sustitución con el de la industria en la que opera. Esto le ayudará a decidir si está en línea o si tiene que dar pasos para mejorar.[31]

Entusiasmo y tenacidad

Cuando las personas sienten que se cree en ellas y se les reta a hacer algo que marque una diferencia en la vida de otros, casi siempre tienen esas dobles cualidades que les hacen ser empleados sobresalientes: *entusiasmo* y *tenacidad* para superar cada obstáculo a fin de terminar el trabajo.

Las personas tienen diferentes motores para su motivación, así que es tarea del líder *mirar debajo del capó* para descubrir qué hace que salga lo mejor de cada persona. Siempre hay algo que estimula a las personas a hacer lo que no pensaban que podían hacer.

Me gusta usar esta ilustración: imagínate que tú y yo estamos en lados opuestos de una zanja muy honda que está llena de todo tipo de suciedad, fango, basura y mal olor. Abro mi cartera y digo: "Si cruzas esta zanja, te doy cinco dólares". Tu respuesta será inmediata y sin dudar: "¡No,

---

31. "Employee Turnover–Reducing Churn in your Company", Newton, https://newtonsoftware.com/blog/2018/05/09/reducing-employee-turnover.

gracias!". Pero si abro un maletín y te ofrezco un millón de dólares por cruzarla, ¡no lo dudarás ni un segundo!

Cuando uso esta ilustración ante una audiencia, hago una serie de preguntas:

"¿Cambió en algo la distancia que tenía la zanja?".

"No", responden.

"¿Cambió en algo la suciedad de la zanja?".

"No".

"¿Cambió algo en ti?".

"No".

"¿Cambió algo en mí?".

"No".

"Entonces ¿qué cambió?".

"¡La motivación para actuar!".

Como estudiosos de las personas de nuestros equipos, tenemos que encontrar algo que impulse a cada persona para que haga con alegría su mejor esfuerzo. Cuando las personas están convencidas de que tienen una mejor oportunidad al otro lado de las dificultades, vencerán cualquier obstáculo.

Cuando la pasión y el talento encajan con la responsabilidad, las personas eliminan las distracciones, aseguran el apoyo que necesitan, encuentran recursos y hacen más en menos tiempo.

Producción aumentada

Cuando la pasión y el talento encajan con la responsabilidad, las personas eliminan las distracciones, aseguran el apoyo que necesitan, encuentran recursos y hacen más en menos tiempo. Por supuesto, hay muchas motivaciones para el éxito, incluyendo el dinero, los títulos, la comodidad y el prestigio. Sin embargo, he observado que las personas en cada terreno anhelan hacer algo cada día que mejore las vidas de otros.

Trabajo de equipo inspirado

Hay dos factores esenciales para un equipo saludable: la seguridad emocional y la realización del trabajo. Si estos factores no están presentes, tienes un conjunto de individuos, no un equipo. La seguridad emocional es el resultado de una clara comunicación, compartir el foco de atención, escuchar, y la disposición del líder a asumir la responsabilidad por sus errores. Cuando cada persona se siente realizada en un trabajo, el equipo experimenta menos conflicto, las luchas territoriales son raras, y las personas, por lo general, quieren que el otro tenga éxito.

No basta con que una o dos personas sean piezas redondas en agujeros redondos. Cuando solo unas cuantas personas encajan en sus funciones, los demás se resienten contra ellas, y eso es feo. En algunos equipos hay un par de estrellas y el resto son aguadores.

No dejes que eso suceda. Asegúrate de que cada persona esté en un papel que sea el que mejor le encaja. Situar bien a cada persona toma tiempo al principio, pero ahorra muchos quebraderos de cabeza al final. Cuando las personas se sienten seguras y realizadas, se *involucran* en su trabajo y con las personas de sus equipos, se *vigorizan* para dar lo mejor de sí mismos, y se *emocionan* por contribuir al éxito del equipo.

Una cultura de rendir cuentas

Cuando las personas saben que están siendo observadas y que quienes los rodean se están formando opiniones de ellos, quieren dar lo mejor de sí, no por temor, sino para contribuir. No quieren decepcionar a los demás, quieren crear productos y servicios que marquen la diferencia, y quieren dar un paso hacia la siguiente puerta de oportunidad para que avancen la compañía, el equipo y sus carreras.

Marcar la diferencia

Tenemos un poder increíble para afectar las vidas de las personas que nos rodean. Puede que no nos demos cuenta de ello, pero nuestras interacciones edifican o derriban, inspiran o deprimen, producen confianza o hacen surgir el temor, y abren o cierran puertas de oportunidad.

Cuando abrimos puertas para otros, estamos llenos de gozo porque hemos marcado una diferencia y, muy a menudo, una *gran* diferencia en sus vidas. Como líderes, solo somos exitosos cuando todos los demás en nuestro equipo tienen un trabajo que les encaja, ven oportunidades para avanzar, disfrutan de su trabajo y de los demás, y celebran tanto los éxitos de otros como los suyos propios.

Un líder muy eficaz se multiplica a través del equipo de liderazgo; juntos, abren puertas para otros en la organización. Cuando me reúno con equipos, busco una "cultura presumida". Esto sucede cuando las personas presumen de los logros y contribuciones de los demás en vez de las suyas propias. Es entonces cuando sabes que tienes una cultura inspiradora donde las personas piensan bien *de* los demás y se esfuerzan al máximo *por* los demás.

Piensa en esto:

- ¿Quién está trabajando mejor debido a tu influencia? ¿La trayectoria de quién es más alta porque creíste en él o ella?
- ¿Quién se siente seguro y realizado en tu equipo y quién muestra señales de temor y autoprotección?
- ¿Qué haría falta para crear una "cultura presumida" en tu equipo?

El éxito está donde la preparación y la oportunidad se encuentran.

—Bobby Unser, nueve veces ganador de las 500 millas de Indianápolis

CONCLUSIÓN
MEJORA CONTÍNUA

La mayoría de las industrias implementan procesos de mejora contínua que mantengan "el enfoque en mejorar la forma en que se hacen las cosas de forma regular. Esto podría ser mediante mejoras graduales regulares o enfocándose en lograr mejoras más grandes de procesos".[32] Algunos somos increíblemente perceptivos con respecto a las personas. Observamos pequeñas cosas que revelan el corazón de una persona. Unos pocos (permíteme ser amable ahora) somos un poco densos y no discernimos lo que está ocurriendo en las vidas de otros a menos que salten de alegría o

32. "Focusing on Continuous Improvement in the Workplace", Creative Supply, 3 de mayo de 2017, https://www.creativesafetysupply.com/articles/continuous-improvement.

estén sangrando en el piso. En mi caso, no sería tan atento con los introvertidos creativos si no me hubiera tomado el tiempo de aprender de ellos. He tenido la mejor maestra para esta lección: mi esposa Brenda.

La gran mayoría de nosotros normalmente estamos en medio. Tenemos algunas habilidades de observación, pero ciertamente se pueden mejorar. A medida que nuestras observaciones son más astutas, nuestras opiniones sobre las personas serán más precisas y podremos confeccionar a medida nuestra comunicación apropiadamente en cuanto a los siguientes pasos de oportunidad.

DURANTE UNA SEMANA...

Todos podemos mejorar. Ninguno ha llegado aún. Podemos afilar la habilidad de observar para ser más perceptivos y eficaces en todas nuestras relaciones. Todo empieza con abrir nuestros ojos y nuestros oídos para observar las palabras, expresiones y lenguaje corporal de la gente que nos rodea. Con demasiada frecuencia estamos preocupados por nuestras propias agendas, así que observar a otros no está ni siquiera en nuestro radar.

Afilamos la habilidad de observación cuando observamos las palabras, expresiones y lenguaje corporal de las personas que nos rodean.

Permíteme ofrecer algunas recomendaciones muy específicas para la mejora:

- Durante la próxima semana, antes de cada reunión o interacción personal, en el trabajo o en casa, recuérdate a ti mismo ser observador de la persona que esté delante de ti. Si tienes una inclinación espiritual, antes de estas conversaciones puedes hacer esta oración: "Señor, dame ojos para ver, oídos para oír y un corazón que se interese". Este sencillo paso probablemente te adelantará varios kilómetros más que antes en la carretera de observar.
- Haz preguntas apropiadas, pero personales. Incluso en las culturas corporativas o de iglesias, cuando hablas sobre planes y eventos, puedes preguntarle a la persona o grupo: "¿Qué piensas sobre esta idea?". Con familiares o amigos, puedes preguntar: "¿Qué es importante para ti de esto?".

- Tras hacer las preguntas, escucha. Esto parece obvio, pero muchos estamos pensando en lo que vamos a decir mientras la persona está respondiendo a nuestra pregunta. ¿Crees que no saben que no estamos escuchando? ¡Claro que lo saben! Si estamos escuchando, tenemos contacto visual, no apresuramos a las personas a responder, y valoramos su opinión aunque no estemos de acuerdo.
- Haz preguntas de seguimiento. La mejor forma de dejar saber a las personas que nos interesamos por ellas es hacer segundas y terceras preguntas para invitarles a expresar sus ideas y sus corazones con más profundidad. Cuando hacemos esto, las personas se sienten entendidas, lo cual es la base de cualquier buena relación.
- Usa la frase de oro: "Cuéntame más sobre eso". Con mucha frecuencia, no tenemos que formular preguntas de seguimiento concretas. Es incluso más eficaz invitar a las personas a dar una respuesta más amplia. Esto les dice que realmente nos interesamos, y nos dice lo que está pasando en realidad por su mente y su corazón, y de eso se trata la observación.

Si sigues estas recomendaciones durante una semana, es casi seguro que avanzarás mucho para ser más observador.

Incluso los observadores natos e inteligentes se beneficiarán, y el resto daremos grandes pasos hacia delante.

En mi papel como consultor y en tu papel como líder, cónyuge, padre o amigo, podemos ser más capaces en cinco habilidades consecutivas:

- *Evaluar* a la persona y la situación
- *Articular* el reto y la oportunidad
- *Alinear* personas y recursos
- Ayudar a la persona a *avanzar* identificando la puerta abierta
- Crear una relación alentadora y de *rendir cuentas* que estimule el progreso continuo.

Al pensar en cada persona de tu equipo o de tu familia, usa estos pasos para considerar cómo puedes liderar con más eficacia.

LA OBSERVACIÓN MÁS IMPORTANTE

La fortaleza de nuestra fe está basada en nuestra opinión de Dios, y esta opinión está arraigada en lo que observamos acerca de Él. Se han escrito muchos libros sobre cómo se forma nuestra visión de Dios, principalmente por nuestros padres y nuestra cultura.

Por ejemplo, en una cultura consumista, muchos ven a Dios como un *camarero especialmente atento* que vive solo para suplir nuestras necesidades. Otros lo ven como un Dios distante, desconectado y distraído de lo que sucede en nuestras vidas. Y muchas personas ven a Dios como un duro maestro, un sargento instructor o un juez severo que está esperando a que las personas cometan un error para poder inundarles de culpa.

Las Escrituras nos invitan a hacer observaciones muy distintas, y los Evangelios nos dan el relato más claro del carácter y la naturaleza de Dios. Hace varias décadas atrás, el profesor de Harvard, Henry J. Cadbury (1883-1974), pidió a sus estudiantes que compartieran sus reacciones a Jesús. Uno de ellos escribió:

> Nadie... ha descubierto aún la palabra que Jesús debía haber dicho, nadie sugirió esa palabra mejor que podía haber dicho. Ninguna acción suya ha dañado nuestro sentido moral. Ninguna falló en cumplir el ideal. Él está lleno de sorpresas, pero todas son sorpresas de perfección. Nunca nos sorprende un día su grandeza y al siguiente su pequeñez. Nos asombra bastante que Él es incomparablemente mejor de lo que podíamos haber esperado. Él es tierno sin ser débil, fuerte sin ser áspero, santo

> sin ser servil. Tiene convicción sin intolerancia, entusiasmo sin fanatismo, santidad sin fariseísmo, pasión sin prejuicio. Este hombre solo nunca dio un paso en falso, nunca dio una nota discordante. Solo su vida se movió en esos niveles altos donde las limitaciones locales son trascendentes y la Ley absoluta de la Belleza Moral prevalece. Fue la vida en su más alto grado.[33]

Cuando Jesús llegó a Jerusalén para su última semana, algunos griegos habían llegado a celebrar la Pascua. Habían oído cosas de Jesús y querían verlo más de cerca. Eran forasteros, pero no importaba. Le pidieron a Felipe un favor: "*Señor*", dijeron, "*queremos ver a Jesús*" (Juan 12:21). Felipe encontró a Andrés y los dos le pidieron a Jesús que se reuniera con los griegos. Tras hablar con ellos, una voz del cielo también habló a la multitud que se había congregado allí (Ver Juan 12:28).

¿No es eso lo que queremos? ¿No es eso lo que necesitamos? ¿Ver a Jesús, reconocer su amor infinito combinado con un poder ilimitado? A medida que nuestros ojos se abren para verlo más como realmente es, cambiamos desde dentro hacia fuera. Esta es la observación más importante de nuestra vida y tenemos que hacerla bien.

---

33. John H. Gerstner, *Reasons for Faith* (New York: Harper & Brothers, 1960), p. 80; (https://archive.org/details/reasonsforfaith012962mbp/page/n5).

EL PODER DE UN TOQUE

En 1974, cuando era estudiante y llevaba poco tiempo en América, asistía a una iglesia cerca de nuestra universidad. Siempre me sentaba al final, pero el pastor, Tom Grinder, se fijó en mí. Antes de cada reunión, se quedaba de pie en el pasillo hasta el último minuto. Podía estar saludando a las personas que llegaban con la hora justa, o quizá orando. A la hora exacta en que estaba previsto el inicio de la reunión, entraba por la puerta y caminaba por el pasillo hasta la plataforma para dar la bienvenida a las personas. En una reunión de mitad de semana, un jueves en la noche, mientras me sentaba tranquilamente en el banco del final, el pastor Grinder abrió la puerta, pero se detuvo en cuanto entró. Me tocó en el hombro, me miró a los ojos, y me dijo: "Sam, hoy vas a dirigir la alabanza". No esperó a mi respuesta. Simplemente se giró y se apresuró rápido por el pasillo.

Yo hubiera objetado, hubiera discutido con él, o al menos le hubiera dicho: "Déjeme orar al respecto". Habría encontrado una manera de seguir escondiéndome en la última fila... pero él no me dio ninguna de esas opciones. Me levanté y caminé hasta el frente de la iglesia. Tras saludar a los asistentes, dijo: "Sam Chand dirigirá esta noche la alabanza". Esa fue mi señal. Solo me sabía unas cuantas canciones. Rápidamente las busqué en el cancionero y dirigí a la congregación en el tiempo de alabanza.

No tengo ni idea de qué fue lo que le hizo al pastor Grinder darme un toquecito en el hombro. Nunca me había oído cantar; de hecho, *yo mismo* nunca me había oído cantar. Estoy seguro de que fue un riesgo para él pedirme dirigir esa noche, y yo daría mucho dinero por tener un video de mi actuación (¡pagaría para poder destruirlo!). Fue la primera vez que alguien me pidió que asumiera un papel de liderazgo, la primera vez que alguien creyó en mí, la primera puerta que se me abrió para tener un impacto en las personas. Él había observado lo suficiente sobre mí para formarse la opinión de que yo necesitaba una oportunidad. Ser líder de alabanza era probablemente el último papel que me hubiera imaginado, pero el pastor Grinder estuvo dispuesto a darme la oportunidad. Todo comenzó con un toque en mi hombro.

Tú estás donde estás hoy porque alguien observó algo que le dio una buena opinión de ti, y esa persona te abrió una puerta de oportunidad. Ha ocurrido decenas de veces y seguirá ocurriendo hasta que te encuentres con Jesús cara a cara.

Alguien en algún lugar tiene la llave de tu futuro.

Tú tienes la responsabilidad y el privilegio de desempeñar ese papel en las vidas de otros. Si tomas el tiempo para observar, tu opinión considerada te dará sabiduría para abrirles las puertas correctas.

Tú tienes la llave para el futuro de muchas personas.

LA BELLEZA DE LA GRATITUD

De vez en cuando tenemos que detener nuestras ocupadas vidas y meditar en la pregunta que hice al comienzo de este libro: "¿Cómo llegué hasta aquí?". Sí, hemos experimentado reveses y sufrimientos, pero estamos en este punto de nuestra vida, con estas personas, en este papel, porque otras personas vieron algo en nosotros que les impresionó lo suficiente para dar un toque en nuestro hombro e invitarnos a dar un paso hacia delante. Cuando pienso en las personas que han hecho eso conmigo, me olvido de la molesta lista de cosas que tengo que hacer, y me maravillo de que esas personas se interesaran lo suficiente para abrir esas puertas.

Deja a un lado tu molesta lista de quehaceres y dedica tiempo a ser agradecido por las personas que se interesaron lo suficiente para abrirte puertas.

El filósofo romano, político y orador, Cicerón, dijo: "La gratitud no es solo la mayor de las virtudes, sino la madre de todas las demás". Estoy muy agradecido por las personas que apostaron por mí cuando yo estaba abajo y vieron un mejor futuro para mí cuando nadie más veía mi potencial. Estoy agradecido por aquellos que les han dicho a otros que les he ayudado de alguna forma. Todas estas personas forman una escalera de éxito para mí y me han inspirado a vivir de una forma que tiene un impacto sobre otros.

Estoy seguro de que puedes identificar a las personas que han hecho eso por ti. ¿Dónde estarías si ellos no hubieran desempeñado un papel tan importante en tu vida?

Piensa en esto:

- ¿Estás dispuesto a implementar las sugerencias para mejorar tus habilidades de observación durante la próxima semana? Si lo estás, ¿qué esperas que ocurra?
- Describe la importancia de tener una observación más precisa de Jesús.

- ¿Dónde estarías hoy si personas concretas no te hubieran observado, se hubieran formado una opinión positiva de ti y te hubieran abierto puertas de oportunidad?
- Dedica algún tiempo a darle gracias a Dios por ellos.
- ¿Cuáles son tres principios o prácticas de este libro que estás dispuesto a implementar? ¿Qué diferencia marcarán?

Si puedes soñarlo, puedes lograrlo. Conseguirás todo lo que quieras en la vida si ayudas a otras personas a conseguir lo que ellos quieren.

—Zig Ziglar

ACERCA DEL AUTOR

La singular visión de Sam Chand para su vida es ayudar a otros a tener éxito. Autor prolífero y renombrado consultor internacional, habla regularmente en conferencias de liderazgo, corporaciones, mesas redondas de empresas, seminarios y otras oportunidades de desarrollo de liderazgo.

El haberse criado en el hogar de un pastor en India, ha equipado a Sam de modo único para compartir su pasión por mentorear, desarrollar e inspirar a líderes para romper todos los límites. Se le ha llamado un liberador de sueños, arquitecto de liderazgo y estratega del cambio.

En la década de 1970, como estudiante en la Universidad Beulah Heights, Sam trabajó como conserje, cocinero y lavaplatos para financiar su educación. Regresó en 1989 como presidente, y bajo su liderazgo, Beulah Heights University se convirtió en la universidad cristiana más grande predominantemente afroamericana del país.

Sam tiene un Doctorado Honorario en Humanidades de Beulah Heights University, un Doctorado Honorario en Divinidades de Heritage Bible College, una Maestría en Consejería Bíblica de Grace Theological Seminary, y un Grado en Educación Bíblica de Beulah Heights. Ha sido mentor de líderes en iglesias y ministerios, y también en corporaciones internacionales y pequeñas empresas. Fue nombrado uno de los treinta primeros gurús de liderazgo global por www.leadershipgurus.net.

Sam ha escrito más de una decena de libros sobre liderazgo, incluyendo *Piensa diferente, vive diferente; Inspira; Liderazgo acelerado; El dolor del liderazgo; ¿Quién sostiene tu escalera?; ¿Qué mueve tu escalera?* y *12 factores de éxito de una organización*.

Para más información o para conectar con Sam, por favor visite www.samchand.com.